Friedrich Brockhaus

Die Briefe des Junius

Elibron Classics
www.elibron.com

Elibron Classics series.

ISBN 0-543-69645-6 (paperback)
ISBN 0-543-69644-8 (hardcover)

This Elibron Classics Replica Edition is an unabridged facsimile of the edition published in 1876 by F. A. Brockhaus, Leipzig.

DIE

BRIEFE DES JUNIUS.

VON

Dr. FRIEDRICH BROCKHAUS,

ORDENTLICHEM PROFESSOR DER RECHTE AN DER UNIVERSITÄT

ZU KIEL.

LEIPZIG:

F. A. BROCKHAUS.

1876.

VORWORT.

Ein öffentlicher Vortrag, den ich zu halten hatte, ist der Anlass der vorliegenden Schrift gewesen. Weder die Zeit, die ich der Vorbereitung, noch die Stunde, die ich dem Vortrage selbst widmen konnte, hatten ausgereicht, das interessante Thema zu erschöpfen. So bin ich auch später noch bei den Briefen des Junius festgehalten und zu einer ausführlichern Behandlung derselben veranlasst worden, als ursprünglich in meiner Absicht gelegen hatte. Die Annahme, es werde vielleicht ein grösserer Leserkreis dasselbe Interesse wie ich für die Zeit, die Leistungen und die Entdeckung des geheimnissvollen Schriftstellers empfinden, ist die Ursache der Publication.

DER VERFASSER.

INHALT.

I.

Die englische Verfassung und Georg III.

Wenn wir auf das Jahrhundert zurückblicken, das dem Zeitalter der Reformation voranging, so nehmen wir in allen Culturländern Europas den Verfall der Institutionen wahr, auf welchen der Staat und die Gesellschaft des Mittelalters geruht hatten. Zugleich treten uns aber auch die ersten Keime derjenigen staatlichen und rechtlichen Bildungen entgegen, welche die Grundlagen des politischen Lebens in den kommenden Jahrhunderten werden sollten. Schon am Ausgange des 15. Jahrhunderts beginnt ein Kampf, der im 17. Jahrhundert seine Entscheidungsschlachten schlägt, im 18. Jahrhundert zur Herstellung bleibender Einrichtungen führt und offen und heimlich selbst in unsern Tagen noch fortdauert, ein Kampf, in welchem keine der staatlichen Ordnungen, unter deren Schutze die grossen Culturvölker Europas bis dahin gelebt, unverletzt geblieben ist: der Kampf der Monarchie gegen die überkommene Lehnsverfassung.

Wie die grossen Lehnsbarone einst das kraftvolle, auf der Staatseinheit und der Freiheit, auf der selbständigen Theilnahme jedes Freien an Heer, Gericht und Rathsversammlung beruhende Königthum, unter welchem die Germanen ihre politische Entwickelung beginnen, in seinen Grundlagen untergraben, seiner Macht, ja seines Inhalts beraubt und sich in die Splitter des zertrümmerten Scepters getheilt hatten, so sollten nunmehr die Lehnsverfassung und ihre Folgezustände wieder vernichtet, die verlorenen Hoheitsrechte wieder zu einer einzigen mächtigen Staatsgewalt zusammengefügt werden. Eine monarchische Gewalt sollte geschaffen werden, die keine andern Grenzen als diejenigen des Reichs kannte, die, unwiderstehlich in ihren Machtäusserungen, auch den trotzigsten Magnaten, der widerspenstigsten Stadt Gehorsam abzwang.

Nach langen Kämpfen zwischen einem überlebten Rechte und einer tyrannischen Staatsraison hat die Monarchie in den Grossstaaten des europäischen Festlandes gesiegt; der Widerstand der Corporationen und Stände wurde gebrochen. Ein Polizeistaat wurde zu begründen versucht, der kein Recht kannte ausser demjenigen seines Beherrschers, und oftmals auch kein Unrecht ausser demjenigen des Widerstandes; ein Staat, der keinen Raum mehr hatte für die Freiheit des Individuums.

Wer sich in der Mitte des vorigen Jahrhunderts auf dem europäischen Festlande umsah, nahm zwischen den Neuschöpfungen des Absolutismus beinahe überall die Ruinen und die unvermittelten, oft nur noch halb verständlichen Reste des Lehnswesens wahr, und überall waren mit der alten Verfassung auch die zahlreichen Gebiete politischer Selbstthätigkeit brach gelegt, die Schutzwehren und Bollwerke der persönlichen Freiheit niedergerissen worden, welche der Lehnsstaat aus dem altgermanischen Volksstaate übernommen oder neu errichtet hatte.

Nur wenige Völker hatten ihre alten Verfassungen bewahrt, und unter diesen war wiederum nur ein einziges, welches die ältesten germanischen Staatseinrichtungen zuerst vor dem eindringenden Feudalwesen und fünf Jahrhunderte später vor dem Despotismus gerettet hatte — das englische Volk.

Aber auch die Verfassung Englands hatte sich in den langen und heftigen Kämpfen verändert, die dort um die Krone oder um die Herrschaft geführt worden waren. Die grosse und gefährliche Machtentwickelung des Königthums, die zu Ausgang des 15. Jahrhunderts mit Heinrich VII. auch in England beginnt, die unter Heinrich VIII. und der blutigen Maria in einer der Verfassung wie der Freiheit gleich gefährlichen Willkürherrschaft gipfelt und erst unter der grossen Elisabeth segensreich wirkt, hatte unter dem schwachen, phantastischen und genusssüchtigen Geschlechte, das die Erbschaft der jungfräulichen Königin antrat, keine Fortschritte gemacht. Der immer wiederholte Versuch der Stuarts, auch die englischen Reichsstände zu der machtlosen Stellung herabzudrücken, die sie damals bereits in den meisten festländischen Staaten einnahmen, war fehlgeschlagen: durch zwei grosse und gelungene Revolutionen war das kraftvolle Scepter der Tudors den Stuarts aus der Hand gerissen und den Erben der glorreichen Revolution nicht zurückgegeben worden. Wilhelm's III. Bedeutung und hohe Kenntniss aller Künste der Politik, des Kriegs und der Intrigue hatten die Thatsache wol noch zu verhüllen vermocht, die mit seinem Tode klar vor aller Augen trat, dass der wahre Herr des Staats das Parlament geworden, dem England die Erhaltung und Befestigung seiner Freiheit und seines Glaubens verdankte. Die Königin Anna, die beiden ersten Könige aus dem Hause Hannover, dem ein seltsames Bündniss zwischen Revolution und Loyalität die Krone Englands in den Schos geworfen, mussten sich mit einer machtlosen Würde, mit einem Titel begnügen, welchen, so viele Verbrechen auch an ihm klebten, das conservative englische Volk nicht entbehren zu können glaubte, weil er von alters her an der Spitze der Verfassung geglänzt. Die Königskrone bedeutete die ununterbrochene Fortdauer des alten englischen Staats; sie war das Symbol der Continuität der politischen Geschichte Englands, die monarchische Firma eines republikanischen Geschäfts. Die wirkliche Herrschaft über England, den König mit inbegriffen, hatte das Parlament oder richtiger die jeweilige Majorität des Parlaments in Händen; diese regierte durch einen Ausschuss, in welchem ihre Führer Platz nahmen, das Cabinet, dessen dem Könige vorbehaltene Ernennung die zwingende Folge der Parteiverhältnisse, nicht aber ein freier Willensact des Königs war.

Aber nicht blos das Königthum, auch das Parlament hatte sich verändert. Zwar das Oberhaus war wesentlich dasselbe wie unter den Tudors geblieben, so gross auch die Zahl der von diesen und ihren Nachfolgern neu ernannten Pairs und so klein die Zahl derjenigen Lords war — angeblich nur vierzehn — die ihre Pairie bis auf das Mittelalter zurückdatiren konnten. Desto grösser waren die Wandlungen, welche das Unterhaus erfahren hatte. Zwar bestand das bunte Gewirr der alten, noch aus der Zeit der Plantagenets stammenden Wahlrechte unwandelbar fort; aber die Benutzung und die Wirkung dieser Wahlrechte waren andere geworden, und hatten schon in der ersten Hälfte des 18. Jahrhunderts dem Unterhause den Charakter einer wirklichen Vertretung der Grafschaften und Gemeinden beinahe vollständig genommen.

Die freien Grundbesitzer der Grafschaften, welche das Recht hatten, Abgeordnete zum Unterhause zu senden, waren im Laufe der Zeit sehr zusammengeschmolzen, und die wenigen übriggebliebenen Grafschaftswähler, in der Mehrzahl einfache Bauern, standen unter dem bestimmenden Einflusse der grossen und vornehmen Grundbesitzer der Grafschaft und wählten deshalb regelmässig die Söhne,

Verwandten und Anhänger der im Oberhause sitzenden Lords oder des nicht titulirten Landadels ins Unterhaus. Die alten, engen und kleinen Burgflecken und Städtchen aber, welche von alters her das Recht hatten, Vertreter in das Haus der Gemeinen zu senden, waren verfallen, verarmt, bestanden oft nur noch aus wenigen baufälligen Häusern, in denen eine Almosen suchende kleine Bevölkerung hauste. Diese faulen Burgflecken, die sogenannten *rotten boroughs*, waren ausser Stande, das ihnen zustehende Wahlrecht mit irgendwelcher Selbständigkeit auszuüben, sondern fielen dem anheim, der sich die Mühe nahm, den Flecken zu kaufen, wenn das Wahlrecht nur den städtischen Grundeigenthümern zustand, oder die Wähler zu bestechen, wenn etwa der Magistrat oder die wenigen steuerzahlenden Bürger das Wahlrecht übten. Und solcher Käufer gab es eine grosse Menge. Ein Sitz im Parlamente war seit der Verlegung der höchsten Gewalt in dasselbe um vieles wichtiger und werthvoller nicht blos für den Patrioten, sondern auch für den ehrgeizigen Parteigänger und den eiteln Parvenu geworden: nach dem Sturze der Stuarts eröffnete nur noch die Thätigkeit im Parlamente die Aussicht auf hohe Aemter und Würden, welche früher die königliche Gunst frei vergeben hatte. So erklärt sich die eifrige Nachfrage nach käuflichen Flecken, der oftmals sogar ein öffentliches Angebot bereitwillig entgegenkam. Vor allem ging die Aristokratie darauf aus, die Wahlorte in ihre Hand zu bekommen, und regelmässig besass ein englischer Pair mehrere Flecken, deren Unterhaussitze er frei vergeben konnte — die sogenannten *pocket boroughs*. Aber auch andere Kreise der Bevölkerung, insbesondere die aus Ostindien mit kolossalen Reichthümern zurückkehrenden Beamten der Ostindischen Compagnie, die Nabobs, kauften Wahlflecken um ungeheuere Summen, um sich durch eine servile und gesinnungslose Unterstützung der gerade herrschenden Staatsmänner eine glänzende gesellschaftliche Stellung oder gar eine Pairie zu erwerben.

Es wäre nicht richtig zu glauben, dass alle städtischen Sitze im Unterhause durch offenkundige Bestechung vergeben worden wären. Aber nur die kleine Zahl derjenigen Plätze, welche die grössern Städte zu vergeben hatten, wurde durch eine wirkliche Wahl besetzt. Zwar fehlte es auch bei diesen Wahlen keineswegs an Bestechungen; aber der Wahlkörper, so klein er auch unsern heutigen Wahlgesetzen gegenüber war, war doch zu gross und hatte zu viel eigene Ueberzeugung, um in seiner Abstimmung lediglich durch den Reichthum und die Freigebigkeit der Candidaten bestimmt zu werden. Auch gab es wol Städte, die, das Angenehme mit dem Nützlichen verbindend, zwar ihr Wahlrecht, nicht aber ihre Ueberzeugung als Waare ansahen, und deshalb ihren Sitz im Unterhause nur an Candidaten derjenigen Partei verkauften, zu der die Wähler sich hielten.

Allein die wenigen Sitze, welche durch die politische Ueberzeugung der Wähler besetzt wurden, konnten den alten Charakter des Unterhauses als einer Vertretung des in den Grafschaften, Städten und Flecken lebenden, zu den Staatslasten beitragenden Volks nicht retten. Der zwingende Einfluss des Grundherrn auf die benachbarten Bauern, der Kauf der Flecken und Wahlkörperschaften war und blieb bis zum Jahre 1832 bei der überwiegenden Mehrzahl der Unterhausmitglieder die Ursache ihrer Mitgliedschaft. Die Abgeordneten des englischen Volks sahen demzufolge in ihrem Sitze ihr mit schwerem Gelde erkauftes Eigenthum oder das ihnen von dem Eigenthümer des Sitzes übertragene Mandat zur Vertretung seiner Partei. An einen Auftrag des Volks aber, dessen Interessen zu vertreten, dachten nur wenige noch. Die lange, seit Georg I. siebenjährige Dauer der Parlamente that das übrige, um das Unterhaus vollkommen unabhängig von den kümmerlichen Wählerschaften zu machen, die bei jeder Neuwahl doch wenigstens die Möglichkeit hatten, eine Ueberzeugung zu äussern.

So war denn die Verfassung Englands, obgleich sie ihr altes Ansehen, ihre ganze mittelalterliche Physiognomie gewahrt, im vorigen Jahrhundert in Wahrheit sehr verschieden von ihrer frühern Beschaffenheit: ein inhalt- und machtloses Königthum an der Spitze des Staats, neben ihm ein wirklich regierendes, die jedesmaligen Parteiführer der

Parlamentsmajorität umfassendes Cabinet und endlich ein Parlament, dessen erstes Haus in Uebereinstimmung mit der ursprünglichen Verfassung von den Häuptern, dessen zweites Haus im vollen Gegensatze zu der Gesetzgebung, welche das Unterhaus ins Leben gerufen, infolge einer beispiellosen Fälschung der Wahlen, von den Verwandten und Anhängern der Aristokratie gebildet wurde.

Das englische Volk hat bis über die Mitte des 18. Jahrhunderts hinaus diese Uebelstände nur wenig beachtet, weil die herrschende Partei, diejenige der Whigs, die Ansichten des weitaus grössten Theils der Nation vertrat. Und so vergass man in England, welche Gefahren ein vom Volke unabhängiges und nur nach langen siebenjährigen Fristen zum kleinsten Theile durch wirkliche Neuwahlen verändertes Parlament bringen konnte, wenn es seine freisinnige Politik aufgab und sich zu den Freiheiten der Nation in einen feindlichen Gegensatz stellte. Und noch mehr vergass man, dass der König noch einmal, unzufrieden mit seiner vollständigen Machtlosigkeit, den Versuch wagen konnte, der den Stuarts im 17. Jahrhundert mislungen, den continentalen Fürsten aber beinahe durchgehends geglückt war, die königliche Gewalt mit eigener Hand auszuüben, das Parlament unter die königliche Autorität zu beugen und das Cabinet zum Organ des fürstlichen Willens zu machen.

Es war Georg III. vorbehalten, das englische Volk an diese Gefahren zu erinnern.

Georg III. war der erste unter den Hannoveranern, der sich als Engländer fühlte, und in der ersten Thronrede, die er gehalten, seinen Stolz, ein Brite zu sein, in demonstrativer Weise aussprach. Und dennoch stand er feindlich alle dem gegenüber, was den Engländer zum Stolz auf sein Vaterland berechtigte. Von einer herrschsüchtigen Mutter erzogen, welche die Stellung des englischen Königs für eine entwürdigende, die beinahe unbeschränkte Gewalt der grössern deutschen Fürsten und des französischen Königthums dagegen für die begriffsmässige Verwirklichung der Monarchie hielt, ohne irgendwelche gründliche Bildung, aber desto stärker von der Vorstellung seiner Rechte und Privilegien durchdrungen, würde er in Deutschland zu der damals sehr zahlreichen Rasse kleiner Tyrannen gehört haben, an denen nichts stark war als ihr Körper und nichts gross als ihr Eigensinn. Was ihm seine Mutter und deren Günstling, Lord Bute, ein Schotte, täglich vorsagten, war er fest entschlossen durchzusetzen: die königliche Gewalt zurückzuerobern, die Rechte, welche der Buchstabe der Verfassung ihm noch immer beilegte, aber das Parlament schon seit mehr als einem halben Jahrhundert ausübte, selbst und höchst persönlich zu verwalten, und so die Macht der Krone, die in den Händen des Cabinets lag, wieder zur Wahrheit zu machen.

Gewiss wäre eine solche Gesinnung nicht in jedem Lande und nicht bei jedem Fürsten schlechthin zu tadeln gewesen. Der rechtliche Werth eines höchst persönlichen, nur durch die eigene Einsicht geleiteten Regiments, das mit dem guten Fürsten gut und mit dem schlechten schlecht ist, das jede Eigenschaft des Herrschers, Leidenschaften wie Milde, Herrschsucht wie Freisinn mit unfehlbarer Deutlichkeit offenbart, muss freilich überall und unter allen Umständen ein sehr niedriger sein. Wohl aber ist es möglich, dass der unbeschränkte Herrscher seine Machtsphäre mit einem sittlichen Inhalte füllt, die ungeheuere Gewalt, die in seine Hände gelegt ist, zu grössern staatlichen Aufgaben verwendet, als sich der alte Lehnsstaat jemals gestellt hat, und so den Absolutismus durch seine Benutzung rechtfertigt. Da, wo aus dem Mittelalter die schroffe Ständetheilung, die Unfreiheit und die Ausbeutung der niedern Klassen durch die Grundherrschaft übriggeblieben, wo der Arm des Königs nicht mehr den Hörigen, den Leibeigenen zu schützen vermochte und der Fürst machtlos inmitten eines tief zerklüfteten Gemeinwesens stand, da konnte nur ein König, der ein starkes Scepter in der Hand hielt, das erlösende Wort sprechen; in solchen Verhältnissen konnte der absolute Herrscher der Arzt seines Landes werden, der nöthigenfalls mit gewaltsamer Operation die Schäden beseitigte, an denen Staat und Gesellschaft seit dem Mittelalter krankten. Da, wo ein von der ganzen Grösse seiner Aufgaben und Pflichten durchdrungenes Fürstengeschlecht mit einer unbeschränkten

Gewalt operirte, wo der König sich für den ersten Diener des Staats erklärte, wo er sein Volk von der Krankheit der ererbten Gesetze und Rechte zu heilen trachtete, da hat dieser Zustand der absoluten monarchischen Herrschaft Unendliches genützt. Von dieser Auffassung ihrer Rechte und Pflichten durchdrungen, haben die preussischen Könige in rastloser und mühevoller Arbeit das Reich gegründet, das dem Aufbau des zertrümmerten Deutschland zum Grundstein dienen konnte, und ein Volk voll Staatsbewusstsein und Vaterlandsliebe erzogen.

In England aber lagen die Verhältnisse anders. Hier war jede Spur von Hörigkeit und Unfreiheit längst verschwunden. Eine schroffe Ständetheilung bestand seit unvordenklicher Zeit nicht mehr; wie der jüngere Sohn des Lords zum Commoner wurde, so konnte der Sohn des Commoners zum Lord werden. Ja, nirgends war das Aufsteigen in den höchsten Stand des Volks ein so regelmässiger Vorgang geworden wie in England. Die stärksten Bollwerke schützten die Freiheit des Einzelnen gegen den Misbrauch der Staatsgewalt und hatten das Haus des Engländers zu einer Burg gemacht, deren Thore nur das Gesetz, nicht die Willkür zu öffnen vermochte. Und trotz aller Corruption, trotz alles Parteihaders waren diese Grundlagen der englischen Freiheit stets heilig gehalten worden. Ganz Europa hatte damals begonnen, diesen Zustand der öffentlichen Verhältnisse Englands zu bewundern; ja

Montesquieu hatte ihn der im absoluten Polizeistaate verkommenden Welt als ein politisches Ideal geschildert, dem vom Ausgange des vorigen Jahrhunderts an bis auf unsere Tage die Völker des civilisirten Europa nicht untreu geworden sind. Wohl litt auch die englische Verfassung an vielen Gebrechen; das schöne Bild, das Montesquieu gezeichnet, war keineswegs richtig. Aber die beiden ersten Könige aus dem Hause Hannover hatten auch nicht ein einziges mal die Fähigkeit und die Neigung verrathen, hier helfend und heilend einzugreifen. Die grossen politischen Aufgaben des 17. und 18. Jahrhunderts hatte das Parlament auf sich genommen und gelöst; die Macht der Lords und Gemeinen war in harten Kämpfen verdient worden, und das Königthum durfte sich wahrlich nicht bei den englischen Politikern beschweren, dass es zum blossen Ornament der Verfassung herabgesunken war. Georg III. brachte keine grössern Fähigkeiten zur Verwaltung seines königlichen Amtes mit als seine unbedeutenden Vorgänger, und nirgends hat er für seine Bestrebungen einen bessern Grund anzuführen gewusst, als: seine königliche Stellung sei unverträglich mit der Herrschaft des Parlaments. Wie die Stuarts wollte er die Macht um der Macht, nicht um der segensreichen Erfolge willen, die ein starkes Königthum anderwärts und früher auch in England gehabt. An die Nothwendigkeit, für seine Herrschsucht eine sittliche Rechtfertigung zu suchen, hat weder er, noch seine

Mutter, noch der eitle und unfähige schottische Edelmann gedacht, der die politischen Anschauungen des Königs bestimmt hatte. Vielmehr gründete Georg III. seine Ansprüche lediglich auf die Klage über das Parteiwesen und auf die rein a priori construirte, gerade von den unfähigsten englischen Königen am leidenschaftlichsten vertheidigte Doctrin, welche unbekümmert um die Landesverfassung dem Könige von England wie jedem Könige eine staatliche Allmacht vindicirte.

Ganz so schlecht, wie es scheinen mochte, stand die Sache des Königs nicht: die Ehrfurcht, welche das englische Volk, selbst seine unabhängigsten und bedeutendsten Charaktere, dem durch die Stuarts so sehr compromittirten Königthume noch immer entgegenbrachte, obgleich kein Volk eifersüchtiger über seine Freiheiten und die dem königlichen Einfluss gesetzten Schranken wachte, wurde auch ihm entgegengetragen. Wie der ältere Pitt gewohnt war, Georg II. an dessen Bette kniend, Bericht zu erstatten, so schlug auch bei andern, minder stolzen Charakteren die ererbte Achtung vor dem königlichen Titel oft genug in kriechende Demuth um. Eine solche Gesinnung konnte ein fruchtbarer Boden für die ehrgeizigen Absichten eines Königs werden, der, so inhaltlos auch seine verfassungsmässige Stellung an der Spitze des Staats war, doch jedenfalls und unbezweifelt an der Spitze der Gesellschaft stand, dessen Einladungen jeder suchte, dessen Herablassung und Güte selbst die höchststehenden Glieder der vornehmen Gesellschaft Englands zu berauschen vermochten.

Ein stärkeres Mittel, die verlorene Macht der Krone zurückzuerobern, bot sich Georg III. in der Partei dar, die nach dem Sturze der Stuarts nur vorübergehend wieder an die Spitze der Verwaltung gelangt war, seit der Thronbesteigung der Hannoveraner aber vollständig aufgehört hatte, an der Herrschaft theilzunehmen, obgleich ihre ursprünglich streng monarchische und religiöse Gesinnung, die sich in den Kämpfen nach der Restauration der Stuarts in der Parteidevise: Kirche und Krone, ausgesprochen hatte, sie eigentlich dazu bestimmte, die Partei des Königs zu sein. Bisher hatten die Tories sich nicht von der Vorliebe für die entthronten Stuarts oder doch nicht von dem Verdachte dieser Vorliebe freigemacht. Sie standen dem Hause Hannover wie eine legitimistische Partei einem illegitimen Fürstenhause gegenüber, hatten noch am Todtenbette der Königin Anna, im Widerspruche mit der durch die Act of Settlement gesetzlich festgestellten Thronfolge der Hannoveraner die Stuarts zurückrufen wollen und die wiederholten Versuche des Sohnes und Enkels Jakob's II., die englische Krone durch eine Insurgirung Schottlands zurückzugewinnen, begünstigt. So hatte die Partei der Tories, vom grössten Theile des Volks und nicht minder von der neuen Dynastie mit Mistrauen betrachtet, und dennoch, da sie ursprünglich die eigentlich aristokratische Partei war und vermöge ihres ausgedehnten Grundbesitzes gerade über die ländlichen Wähler gebot, keineswegs ohnmächtig, während der Regierung der beiden ersten George schmollend in der Opposition gestanden. Erst gegen die Mitte der Regierung Georg's II., nachdem Sir Robert Walpole, das langjährige Haupt der whigistischen Majorität, durch eine Vereinigung unabhängiger Whigs, der sogenannten Patrioten, mit den freisinnigern Elementen der Tory-Partei gestürzt worden war, hatten die Tories angefangen, ihre jakobitischen Neigungen aufzugeben.[1] Als dann in der Schlacht bei Culloden (1746) die letzten Hoffnungen der Jakobiten zertrümmert worden waren, hatten sich die Tories wieder dem Hofe genähert und waren von diesem zuvorkommend aufgenommen, auch von whigistischen Ministern allmählich wieder zu öffentlichen Aemtern herangezogen worden.

Georg III. erkannte mit richtigem Blicke, wie viel ihm diese Partei bei seinem Unternehmen nützen könne, sofern sie sich nur gewinnen liess, der heimlichen Neigung zu den Stuarts zu entsagen und ihre treuen, der königlichen Macht so freundlichen Gesinnungen ihm und dem neuen Herrschergeschlechte zuzuwenden. Dieser Versuch gelang: die Tories blieben zwar ihren politischen

---

[1] Macaulay, Critical and historical essays, contributed to the Edinburgh Review. New edition. London 1850. The Earl of Chatham, p. 726.

Grundsätzen treu, übertrugen sie aber auf die Hannoveraner.

Mit den Tories allein konnte jedoch das verlorene Gebiet nicht wiedergewonnen werden, weil die seit langem den politischen Geschäften entfremdeten Landedelleute, aus denen die Partei sich hauptsächlich zusammensetzte, nicht ein einziges hervorragendes politisches Talent unter sich zählten und schlechthin unfähig waren, die höchsten Staatsämter zu bekleiden. Dann gehörte auch das Volk nicht den Tories; das Parlament war in seiner Majorität whigistisch, und die mächtige Partei der Whigs konnte aus ihren Sitzen im Oberhause nie, aus denen im Unterhause nur sehr schwer verdrängt werden. So bemühte sich denn der König, auch die bisherigen Gegner einer reellen königlichen Gewalt und die Erben derjenigen Politik, welche England vor dem pfäffischen und junkerlichen Despotismus der Stuarts gerettet hatte, auf seine Seite zu ziehen. Und auch das ist ihm recht häufig gelungen. Die grosse und einst so einmüthige Partei der Whigs, welchen die Hannoveraner den englischen Thron und das Volk die Erhaltung seiner Freiheiten verdankte, hatte die Einheit ihres politischen Bekenntnisses verloren und sich in einzelne hochadelige Gevatterschaften aufgelöst, die einander bekämpften, um Aemter und Stellungen haderten und Familieninteressen an die Stelle politischer Interessen gesetzt hatten. Zwar hatten die Coterien der Bedfords, Rockinghams, Grenvilles bisher ihre Ueberzeugung nicht verrathen; wol aber hatten sie dieselbe über der Jagd nach Ehren und Einfluss vergessen. Die Grundsätze der Freiheit und die Rechte des Parlaments, für welche ihre Vorfahren gekämpft, schienen ja unerschütterlich festzustehen. Die Kämpfe im Parlamente und die Intriguen am Hofe hatten jetzt nur noch die Herrschaft als solche zum Gegenstande. Die einen suchten sie um ihrer selbst willen, andere wollten sich bereichern, einen adeligen Titel verschaffen, wieder andere gedachten in die europäischen Händel in gleicher Weise einzugreifen, wie es der Oranier gethan. Wie die Opposition der Tories gegen die Herrschaft der Whigs die erstern allmählich freisinniger und zu den Vertheidigern manches Princips gemacht hatte, das in das streng conservative Programm des echten Tory nicht passte, so hatte der Besitz der Herrschaft und ihre Stellung als königliche Partei die Whigs langsam und beinahe unbewusst in eine Partei umgewandelt, die schlechthin das Bestehende vertrat, um damit ihre eigene Herrschaft zu vertheidigen.

Jetzt aber sollte es anders werden: der König war trotz seiner politischen Machtlosigkeit fest entschlossen, Ehren und Aemter wieder nach freier persönlicher Neigung zu vergeben. Der schnellste Weg zu einflussreichen und gewinnbringenden Stellungen schien wieder wie ehedem unter den Stuarts die Gunst des Königs zu sein, und so durfte es nicht wundernehmen, wenn die Krone durch ein glänzendes Angebot auch in den Reihen derjenigen Partei sich Anhänger gewann, die nicht mehr durch eine lebendige Ueberzeugung, sondern nur noch durch eine halb vergessene Geschichte mit der Sache der Freiheit verbunden war. Die einen lockte der König durch seine Gunst und Gnade; den Gemeinen hielt er die Lockungen einer Pairie, den einfachen Baronen die Reize einer Grafen- oder Herzogskrone vor oder kettete sie durch die Verleihung einer solchen an sein Interesse. Wieder andere suchte er durch seinen Zorn, durch die Entziehung von Aemtern und herkömmlichen Gnadengeldern einzuschüchtern.[1] Endlich aber — und dieses schimpfliche Mittel hat ihm die meisten Werkzeuge und Freunde eingetragen — bestach er seine Gegner mit ungeheuern Summen. Das lange oligarchische Parteiregiment, die schmuzigen Geschäfte, durch welche die Aristokratie sich ihre Sitze im Unterhause zu verschaffen und zu sichern gewohnt war, endlich die Frivolität der Sitten und Anschauungen, die aus dem wüsten Treiben unter Karl II. übriggeblieben, hatten die Ehrbegriffe der höhern Gesellschaft aufs tiefste untergraben und schon unter den ersten Nachfolgern der Stuarts dazu geführt, dass die leitenden Staatsmänner die Stimmen im Parlamente durch ähnliche Geschäfte erwarben, wie die Parlamentsmitglieder ihre Sitze im Unterhause. Sir Robert Walpole hatte diesen schon vor ihm feststehenden Gebrauch zu einem

---

1 MACAULAY, a. a. O., S. 744.

förmlichen System erhoben; er kaufte sich seine Majoritäten durch jedwede Art der Bestechung und durfte höhnend sagen, er kenne den Preis jeder Stimme im Parlamente. Wol hatten sich einzelne stets rein zu erhalten gewusst, und Pitt verdankte sein hohes Ansehen zum grossen Theile dem sittlichen Stolze, mit dem er allen und jeden auch noch so feinen Bestechungsversuch vom Anfang seiner politischen Thätigkeit an beharrlich zurückgewiesen Auch war endlich der Meister der Bestechungskünste selbst, Walpole, um dieser Corruption willen angeklagt und gestürzt worden. Jetzt aber zeigte sich der König als einen gelehrigen Schüler Walpole's und aller derer, die durch Bestechung regiert. Die Gewöhnung, den theuer erkauften Sitz im Parlamente als ein nutzbringendes Eigenthum und den Staat als eine Domäne anzusehen, deren Ertrag den alten whigistischen Geschlechtern und ihren Dienern gebühre, ebnete ihm den Weg und machte die schmählichen Vorgänge möglich, die unter Georg III. sich zutrugen.

Zu diesen verschiedenen Elementen, den gewonnenen Tories, den durch die königliche Majestät geblendeten whigistischen Aristokraten, den durch Pairien, Ehrenstellen und dürre, nackte Bestechung gewonnenen Gemeinen gesellte der König noch eine neue Partei, die man die „Königsfreunde“ nannte. Sie bestand aus den schlechthin gesinnungslosen Anhängern der neuen Politik, aus den servilsten Vertretern der königlichen Absichten und scheute sich nicht, selbst gegen die Anträge des Ministeriums, die doch mit der Billigung des Königs eingebracht worden waren, zu stimmen, wenn sie erfahren hatte, der König habe nur ungern seine Einwilligung gegeben. Man darf daher den Königsfreunden nicht die Ehre anthun, sie für die Regierungspartei zu erklären; denn eine solche würde die Aufgabe gehabt haben, die Politik des vom Könige berufenen und ernannten Ministeriums gegen die Opposition zu unterstützen, während vielmehr die Königsfreunde des Königs rein persönliche Neigungen gegen die Minister unterstützten, sich nöthigenfalls vom Könige brauchen liessen, um einen unangenehmen Minister aus seinem Amte herauszuärgern und verständige Entscheidungen zu Falle zu bringen, die dem Könige gegen dessen Herzensneigung abgedrungen worden waren. Diese verächtliche Clique ohne Talente und ohne Ueberzeugung, ohne gesellschaftliches Ansehen und ohne alle und jede politische Bildung vereinigte sich mit den übrigen Anhängern der königlichen Politik, um den Kampf aufzunehmen gegen die volks- und freiheitsfreundliche, wenn auch in der Mehrzahl aus aristokratischen Elementen zusammengesetzte Partei der alten, unverführten, treuen Whigs.

So schnell dem Könige die Bildung dieser Partei gelang, sie zur Herrschaft zu bringen, wurde ihm unendlich schwer. Ohne die Majorität des Parlaments, ohne tüchtige Führer dieser Majorität, war an einen dauernden Sieg nicht zu denken.

Bedeutende Menschen aber gingen nicht zum Könige über; er musste mit Mittelmässigkeiten seinen Kampf beginnen, und selbst die endlich gewonnene Majorität konnte zum Pyrrhussiege werden, wenn die Minister, welche des Königs Gesinnungen vertraten, den gewaltigen Rednern der aus der Herrschaft verdrängten Whigs bei jeder Discussion unterlagen. Die Coalitionsministerien aber, welche der König aus einer Mehrzahl ergebener Freunde und einer Minderheit populärer Namen zusammenzusetzen bestrebt war, trugen alle von vornherein den Zwiespalt in ihrer Mitte. Ein Ministerium folgte dem andern: Lord Bute hatte das Ministerium Pitt's schon ein Jahr nach Georg's III. Thronbesteigung gesprengt und damit die sinkende Popularität des alternden Staatsmannes, der zu seiner grossen Politik stets grosse Mittel nöthig gehabt und ungeheuere Massen englischen Goldes in den continentalen Wirren verbraucht hatte, von neuem belebt. Dankadressen, öffentliche Ovationen wurden dem einzigen ruhmbedeckten Staatsmanne des damaligen England, der in seiner langen politischen Thätigkeit sich stets erinnert hatte, dass er ein Vertreter des englischen Volks und nicht blos ein Whig aus guter Familie sei, jetzt überall zutheil, wo er sich zeigte. Sein Nachfolger, Lord Bute, musste dagegen überall Kränkungen und Schmähungen erdulden. Als Tory, als Schotte, als angeblicher Favorit der Mutter Georg's III. war er gleich verhasst; der Pöbel griff ihn und den Herzog von Bedford, den

Vertreter seiner von Pitt in den schärfsten Ausdrücken gebrandmarkten auswärtigen Politik, auf offener Strasse an. Zusammengerottetes Volk verbrannte wiederholt an öffentlichen Orten einen Reiterstiefel und einen Unterrock, die feststehenden Symbole des Ministers und der Mutter des Königs, oder knüpfte wol auch beide Gegenstände an einen improvisirten Galgen. Bute konnte ohne Gefahr sich nicht mehr öffentlich zeigen und musste verkleidet über die Strasse gehen. Wol hatte er im Parlamente einzelne Erfolge errungen, so unsicher auch seine Stellung, so misachtet auch seine Persönlichkeit war, und mit Sicherheit wurde allgemein angenommen, er werde sich mit Zähigkeit an das ihm durch die königliche Gunst und nur durch diese gewährte Amt anklammern. So erregte es denn höchstes Erstaunen, als schon am 7. April 1763 sein Rücktritt plötzlich und scheinbar unvermittelt erfolgte. Aber auch das nächste Ministerium hielt sich nur kurze Zeit. An seine Spitze war der unpopuläre und tyrannische Georg Grenville berufen worden, der seine Verwaltung dadurch berühmt gemacht hat, dass er die Krone in einen unglücklichen Krieg mit der Presse verwickelte und durch den Erlass der verhängnissvollen Stamp-Act den Abfall der amerikanischen Colonien heraufbeschwor. Der König hatte sich trotz seiner Uebereinstimmung mit dem unklugen und gewaltthätigen Vorgehen Grenville's gegen die Presse und gegen Amerika diesem Cabinet, das von ihm den Verzicht auf allen weitern Verkehr mit Lord Bute forderte, nur mit schwerem Widerwillen unterworfen; Grenville war ihm persönlich stets unangenehm gewesen; oft genug hatten ihn die trockenen und breiten Vorträge seines Premierministers gelangweilt, die rücksichtslosen Zumuthungen desselben beleidigt. Ueberdies war Grenville und nicht minder sein hervorragendster College, der Herzog von Bedford, dem Lande immer misliebiger geworden. Die Schwierigkeiten, die der König seinem Cabinet bereitete, gaben endlich den Ausschlag: Grenville resignirte im Jahre 1765, um dem Cabinet des beschränkten, aber liberalen und ehrenwerthen Marquis of Rockingham Platz zu machen. Allein auch dieses Ministerium wurde vom Könige, der Diener und keine Politiker zu Ministern haben wollte, bereits 1766 in Ungnaden entlassen, und der eben erst unter dem Titel eines Earl of Chatham in die Pairie erhobene Pitt liess sich unter dem Murren des Volks, dessen Abgott er bis dahin gewesen, herbei, mit dem jungen, anscheinend liberalen Herzog von Grafton, dem Enkel eines illegitimen Nachkommen Karl's II., zusammen ein Ministerium zu bilden. Aber Chatham sah selbst mit Schmerz sein ganzes Ansehen infolge des Eintritts in ein von diesem Könige und mit diesen Männern gebildetes Ministerium schwinden; eine tiefe Niedergeschlagenheit bemächtigte sich seiner, er zog sich gebrochen und krank in die tiefe Einsamkeit seines Landsitzes zurück und reichte von dort aus im October des Jahres 1768 seine Entlassung ein. Der Herzog von Grafton, sein bisheriger College und Schützling, der aber mit frivolem Leichtsinne den Wünschen des Königs sich gefügt hatte, in Wahrheit ein überzeugungsloser Cavalier von cynischer Frivolität der Sitten, trat nunmehr an die Spitze der neuen Verwaltung. Es wäre unmöglich gewesen, dass dieses mit einziger Ausnahme des Lord Camden, des frühern Chief Justice Pratt, aus Nullen oder compromittirten Menschen zusammengesetzte Ministerium vor ein früheres Parlament getreten wäre. In dem im Jahre 1768 gewählten neuen Parlamente aber war durch ungeheuere, in diesem Umfange noch nicht dagewesene Wahlumtriebe und Bestechungen die Partei der Tories und Königsfreunde so entschieden in die Majorität gelangt, dass man es wagen konnte, vor die Heroen der liberalen Minorität selbst mit einer so stumpfen Waffe wie dem Ministerium Grafton zu treten.

II.

Die Presse.

In einem Lande, in welchem die Censur seit langem aufgehoben war und Pressvergehen durch Geschworene gerichtet wurden, konnte das Streben Georg's III. nach der Herstellung einer persönlichen Regierung nicht unbesprochen bleiben. Wie in den Kaffeehäusern, die im Leben der damaligen englischen Gesellschaft die Stelle der Clubs einnahmen, waren auch in den Zeitungen und Flugschriften die neue königliche Politik, die Mittel, welche sie anwandte, die Menschen, welche ihr dienten, Gegenstand der lebhaftesten Erörterungen, der bittersten Angriffe und heftigsten Beschuldigungen geworden.

Aber wir dürfen den Einfluss der englischen Presse in jenen Tagen nicht mit dem heute von ihr geübten vergleichen: der professionelle Journalist war damals noch ein wenig geachteter Mann, dessen Aussprüchen das Gewicht, das etwa heute der Kritik eines Timescorrespondenten beigelegt wird, beinahe vollständig fehlte. Man hielt den Zeitungsschreiber entweder für das bezahlte Werkzeug irgendeines Politikers oder man suchte hinter den Angriffen und häufig rohen Ausdrücken der damaligen Journale den verbissenen Aerger irgendeines ämter- oder geldgierigen Parteimannes, der zum offenen Kriege im Parlamente nicht Muth oder Geschicklichkeit genug besass. Noch Sir Robert Walpole hatte aus seiner Misachtung der Schreiber niemals ein Hehl gemacht, so oft er sich auch selbst bezahlter Federn bediente.[1] Und seit jener Zeit hatte sich wenig geändert; die Corruption war so gross und so allgemein wie früher geblieben: es lag kein Grund vor, eine grössere sittliche Integrität von der grossen Masse der Zeitungsschreiber unter Georg III. als unter Georg I. und II. zu erwarten.

Zu diesem Mangel an moralischem Ansehen kam noch, um die Bedeutung der Presse zu vermindern, die rechtliche Behandlung der Pressvergehen. Allerdings war die Presse damals schon in England freier, als sie es bis auf unsere Tage auf dem Continente gewesen ist. Eine polizeiliche Beschlagnahme vor der Verurtheilung existirte ebenso wenig wie die Censur, und endlich stand die Entscheidung über Pressdelicte den Geschworenen zu. Aber diese Garantien einer freien Presse wurden

---

1 MAY, Die Verfassungsgeschichte Englands seit der Thronbesteigung Georg's III. Aus dem Englischen ubersetzt von O. G. Oppenheim, II, 88.

einmal durch den ausserordentlich unklaren Thatbestand des Libells, der Schmähschrift, d. i. des Pressvergehens im englischen Sinne, und dann durch die eigenthümliche Spaltung der Befugnisse der Richter und der Geschworenen in Pressprocessen verkümmert. Die Vieldeutigkeit des Libellbegriffs hätte zwar dem Angeklagten seine Stellung bedeutend erleichtern können, wie sie ihm heutzutage in englischen Pressprocessen eine sehr wesentliche Hülfe bringt und die Verfolgung von Pressvergehen durch die Krone fast illusorisch gemacht hat. Aber damals diente die unklare Bestimmung des Thatbestandes der Schmähschrift in den von der Krone angestrengten Processen ganz regelmässig zur Verurtheilung des Angeklagten. Die englischen Richter vertraten nämlich in den meisten Pressprocessen die Auffassung, nach welcher das Verdict der Geschworenen gar nicht die ganze Schuldfrage umfassen dürfe, sondern lediglich darüber entscheiden solle, ob der Angeklagte schuldig sei, die incriminirte Schrift geschrieben, gedruckt, verlegt oder veröffentlicht zu haben. Die Frage hingegen, ob die Schrift wirklich Schmähungen enthalte, also eine Schmähschrift, ein Libell im Sinne des englischen Rechts sei, und damit auch die weitere Frage, ob der Angeklagte schuldig sei, eine Schmähschrift verfasst, gedruckt oder veröffentlicht zu haben, wiesen die meisten juristischen Autoritäten der damaligen Zeit, vor allem Lord Mansfield, der Oberrichter der Kings-Bench, den Richtern zu. Da das

Factum des Drucks und der Veröffentlichung regelmässig leicht zu erweisen war und deshalb von der Jury bejaht werden musste, so nahm diese Theorie, die der Regierung in zahlreichen Pressprocessen zum Siege verhalf, in Wahrheit den Geschworenen die Entscheidung über Schuld oder Nichtschuld, hob die Garantie der Pressfreiheit durch die Geschworenengerichte auf und widersprach endlich der Stellung, welche die Jury in allen andern Processen einnahm; denn in allen diesen entschied sie über die Schuldfrage in ihrem ganzen Umfange: wie das Verdict über die Frage, ob jemand einen Mord begangen, sich nicht blos auf die Entscheidung der Frage erstrecken durfte, ob der Angeklagte der Urheber des Todes eines andern gewesen, sondern auch die weitere Frage umfassen musste, ob der Angeklagte in böslicher Absicht und mit Vorbedacht diese Tödtung verübt habe, so musste folgerichtig der Jury auch in Libellprocessen das Urtheil darüber zustehen, ob denn die incriminirte Schrift überhaupt den Charakter eines Libells trage.[1]

Allein nicht blos diese dem ganzen Geiste des Geschworeneninstituts widersprechende Behandlung der Pressprocesse von seiten der Richter hinderte eine erfolgreiche Benutzung der Pressfreiheit und verhalf der Krone zu zahlreichen Verurtheilungen

---

[1] H. Cox, Die Staatseinrichtungen Englands. Aus dem Englischen ubersetzt von H. A. Kühne (Berlin 1867), S. 257, 258.

ihrer Gegner; auch diese Verurtheilungen selbst mussten Schriftsteller, Drucker und Verleger einschüchtern und ein offenes Auftreten gegen die Diener der königlichen Politik und die Ueberläufer der Whigs verhindern. Die Strafen nämlich, die damals noch den wegen Libells Verurtheilten trafen, waren von grausamer Härte: der Pranger war noch nicht abgeschafft und noch unter Georg II. zur Anwendung gekommen; mehrjährige Freiheitsstrafen, hohe Geldbussen waren die regelmässigen, überdies häufig cumulativ verhängten Strafen aller derer, die als Schriftsteller, Drucker, Verleger oder Colporteure an der Veröffentlichung eines Libells theilgenommen hatten. [1]

So gefährlich aber auch ein Pressprocess für den Angeklagten war, es war doch immer ein wirklicher Process, ein Verfahren nach Rechtsvorschriften mit rechtskundiger Vertheidigung und vor unabhängigen Richtern. Viel schlimmer war dagegen die Stellung des politischen Schriftstellers, seines Verlegers und Druckers dem Parlamente gegenüber.

Wie bekannt, hat das Parlament und zwar jedes der beiden Häuser für sich eine eigene Gerichtsbarkeit über alle diejenigen Vergehungen, welche gegen die Privilegien des Parlaments, seiner Mitglieder und seiner Beamten gerichtet sind. Aber während gegenwärtig das Parlament auch

---

[1] FISCHEL, Die Verfassung Englands, 2. Aufl., S. 87, 88.

die härteste Kritik seiner Beschlüsse ruhig hingehen lässt, ohne eine Beleidigung des Parlaments und demzufolge einen Privilegienbruch anzunehmen und Drucker oder Schriftsteller zur Bestrafung zu ziehen, waren damals Oberhaus wie Unterhaus gleich empfindlich gegen den Tadel der Presse. Ironische oder verhöhnende Bemerkungen über das Parlament, über einzelne Beschlüsse oder Mitglieder desselben, über Vorgänge, die sich in einem der beiden Häuser zugetragen, wurden von den Lords wie von den Gemeinen rasch und rücksichtslos vor ihr Forum gezogen. Es gehörte und gehört noch zu den Privilegien jedes der beiden Häuser, dass ihre Beamten, insbesondere der Serjeant at arms Verhaftungen vornehmen, Thüren erbrechen und alle richterlichen und communalen Behörden auffordern kann, ihm in der Ergreifung des vom Parlament Verfolgten thätigen Beistand zu leisten. So traf den allzu vorlauten Journalisten oder Drucker der Zorn der Lords oder Gemeinen regelmässig ebenso schnell als sicher: der Angeklagte wurde vor die Schranke des Hauses geführt, und gelang ihm hier nicht seine vollständige Rechtfertigung oder verweigerte er eine Entschuldigung, so wurde das Urtheil ohne jede irgendwie sorgfältige Untersuchung, ohne dass eine förmliche Vertheidigung gestattet war, von dem betreffenden Hause gefällt. Regelmässig stand die Verurtheilung des Angeklagten schon fest, bevor er noch vor der Schranke des Hauses erschien, denn dieselbe Majorität, die seine Verfolgung beschloss, beschloss auch seine Bestrafung. Und nicht genug, dass das ganze Verfahren vor einem durch und durch parteiischen Richter, einem Richter in eigener Sache, im höchsten Grade formlos, unsicher und ungerecht war, es waren überdies auch die Strafen hart und beschimpfend. Zwar war es abgekommen, diejenigen, die sich an der Majestät des corrumpirten Parlaments versündigt hatten, mit dem Pranger zu bestrafen. Aber die Demüthigung einer kniend zu leistenden Abbitte konnte noch immer auferlegt werden. Ausserdem erkannten Lords und Gemeine auf im Tower oder in Newgate zu vollziehende Gefängnissstrafe, die freilich nur für die Dauer der Parlamentssession Geltung hatte, die aber doch in Verbindung mit hohen Geldstrafen und der Verurtheilung der incriminirten Schriften zum Verbrennen durch Henkershand vollständig ausreichte, um die Vertreter der Presse unausgesetzt in Schach zu halten.[1]

Diese rasche und ungerechte Justiz wäre zwar nicht zu billigen aber doch zu ertragen gewesen, wenn lediglich bei wirklichen Verleumdungen und Beleidigungen des Hauses oder seiner Glieder eingeschritten worden wäre. Aber eine von Parteileidenschaften beherrschte Versammlung wird um ihre Competenz niemals verlegen sein und am

---

1 MAY, Das englische Parlament und sein Verfahren. Aus dem Englischen ubersetzt von O. G. Oppenheim (Leipzig 1860), S. 61 fg.

wenigsten dann, wenn die Bestimmung und Begrenzung dieser Competenz der Hauptsache nach ihr allein zusteht. So erklärt sich die immer weitere Ausdehnung des Begriffs eines Privilegienbruchs. Alles und jedes Zuwiderhandeln gegen die Anordnungen, welche das Parlament für seine Sitzungen, für die Ordnung des Hauses, für die Ergreifung Angeklagter ergehen liess, war Privilegienbruch. Richterliche Behörden, welche dem Ober- oder Unterhause eine Jurisdiction in dem beanspruchten Umfang nicht einräumten, wurden gleichfalls des Privilegienbruchs für schuldig erklärt. Ja selbst die Beschwerde über die willkürlichen Verhaftungen, die das Parlament verfügte, vor dem höchsten Reichsgerichte zu Westminster, der Kings-Bench, wurde als Bruch des Parlamentsprivilegs angesehen und durch Bestrafung des Beschwerdeführers nicht blos, sondern auch seines Rechtsbeistandes geahndet.

Die gefährlichste Drohung für die Presse war aber die Ausdehnung des Privilegienbruchs auf die Berichterstattung über die Reden und Vorgänge im Parlamente.[1] England hält bekanntlich noch jetzt an der Fiction fest, das Parlament tage geheim, d. h. die im Parlamente gethanen Aeusserungen würden ausser demselben überhaupt nicht bekannt, und hat damit die Straflosigkeit aller im Parlamente gegen Private gethaner Aeusserungen

---

[1] Vgl. MAY, Das englische Parlament, S. 78 fg.

begründet. Was aber jetzt eine durch jede Sitzung, durch die Berichterstatterbank in jedem Hause widerlegte Fiction ist, war damals noch ein regelmässig angewandtes Mittel, um misliebige Berichterstatter auszuschliessen, oder Drucker, deren Zeitungen über die Reden des Parlaments berichtet hatten, wegen Bruch der Privilegien des Unter- oder Oberhauses vor die Schranken des Hauses zu fordern und bei ungenügender Rechtfertigung zu Verweis, Gefängniss, Abbitte u. s. w. zu verurtheilen. Besonders das Oberhaus hat sich in jener Zeit gegen Berichterstatter fast gänzlich abzusperren gesucht. Doch gebrauchte auch das Unterhaus oftmals, wenn ein Bericht über die Debatten des Hauses Aergerniss erregt hatte, seine allezeit bereite Waffe, die Anklage und Verurtheilung wegen Privilegienbruchs.

So gelangten die Reden der Parlamentsmitglieder entweder gar nicht oder nur bruchstückweise zur Kenntniss des Publikums. Auch getrauten sich die Journalisten oder Verleger nicht, die Verhandlungen mit Nennung aller Namen der Redner wiederzugeben oder auch nur zu berichten, dass sie im Parlamente stattgefunden. So druckte die eine Zeitung die Verhandlungen des Parlaments ab unter dem Titel: Verhandlungen des politischen Clubs, und gab hier den verschiedenen Rednern Namen wie Cassius, Brutus u. dgl., den Lesern überlassend zu errathen, wer gemeint sei. Andere druckten nur den Anfangs- und Endbuchstaben der

Redner; wieder eine andere Zeitung verlegte die Verhandlungen des Parlaments in den Senat von Gross-Lilliput und charakterisirte die einzelnen Redner, so gut es gehen wollte, mit bezeichnenden Spitz- oder auch mit einfachen Schimpfnamen.[1]

Dass diese Berichte weder die Wahrheit sagten noch auch nur sagen wollten, sondern zugestutzte, meist persifflirende Erzählungen der Verhandlungen waren, erklärt sich leicht. Es lag aber auch eine wirklich correcte Wiedergabe der gehaltenen Reden geradezu ausser dem Bereiche der Möglichkeit: eine wörtliche Wiedergabe untersagte der Mangel der Stenographie; aber selbst ein zuverlässiger Auszug aus den gehaltenen Reden konnte von der Presse nicht gegeben werden, weil ihre Berichterstatter bei Strafe sofortiger Ausweisung aus dem Hause sich keinerlei Notizen machen durften und lediglich nach dem Gedächtnisse referirten. So wird es begreiflich, dass viele im Parlamente gehaltene Reden, deren erschütternde Wirkung wir aus den Mittheilungen der Zeitgenossen kennen, einfach verloren gegangen sind, und aus gleichem Grunde erklärt sich die Unzuverlässigkeit der uns aufbewahrten Reden. Durfte doch Johnson sagen, er sorge dafür, dass die Whigs nicht die besten Reden hielten.

Aber nicht blos die beschränkte Oeffentlichkeit der Parlamentsverhandlungen machte dem

---

1 May, Verfassungsgeschichte, I, 345 fg.

grössern Publikum eine genaue Kenntniss und ein sicheres Urtheil über die leitenden Staatsmänner unmöglich; nicht einmal die Parteistellung der Parlamentsmitglieder konnte in jener Zeit mit auch nur annähernder Sicherheit bestimmt werden.[1] Denn die Abstimmungen der beiden Häuser waren im strengsten Sinne des Worts geheim: die Zuhörer wurden stets, wenn über das Schicksal eines Antrags entschieden werden sollte, aus dem Hause gewiesen; auch wurde nicht namentlich abgestimmt und ebenso wenig später eine Abstimmungsliste veröffentlicht. Lediglich durch die Mittheilungen der Parlamentsmitglieder konnte das Publikum einigermassen darüber unterrichtet werden, wie die einzelnen Mitglieder der Volksvertretung gestimmt hatten. So konnten sich unbemerkt oder doch, ohne dass eine irgend sichere Controle geübt wurde, die zahlreichen Uebertritte gesinnungsloser Parlamentsmitglieder zur königlichen Partei vollziehen. Eine vollständige Oeffentlichkeit der Verhandlungen und Abstimmungen und ein ausgedehnteres Wahlrecht hätten schon damals bei dem Zustande der Pressgesetzgebung vollständig ausgereicht, um die Misregierung Georg's III. zu verhindern, während die Freiheit der Presse einem Parlamente gegenüber, das seine Abstimmungen in Geheimniss hüllte und die Berichterstattung über seine Verhandlungen stets dann verfolgte, wenn

[1] Vgl. May, a. a. O., I, 359 fg.

sie der Majorität unbequem war, nur unvollkommene Dienste leisten und der Presse die Bedeutung nicht gewähren konnte, deren sie sich unter günstigern Verhältnissen in der Gegenwart erfreut.[1]

Wenn wir alle diese Schwierigkeiten ins Auge fassen und uns an die harten und beschimpfenden Strafen für den in einem Libellprocesse Verurtheilten und an den gänzlichen Mangel aller und jeder Gewähr eines gerechten Urtheils erinnern, falls der Process statt vor den Geschworenen auf Grund des Privilegienbruchs vor dem Ober- oder Unterhause verhandelt wurde, so wird es verständlich, wie die politischen Tagesschriftsteller sich durch streng bewahrte Anonymität oder durch Annahme eines falschen Namens vor Verfolgung zu sichern suchten. So sind besonders in den ersten Regierungsjahren Georg's III. viele pseudonyme Pamphlete erschienen. Namen wie Candor, Antisejanus, Cato redivivus, Atticus u. a. tauchen in der Tagesliteratur bald als Verfasser besonderer umfangreicher Pasquille, bald als mehr oder weniger unregelmässige Correspondenten bestimmter Zeitungen auf. Die meisten von ihnen wurden bald vergessen, einzelne haben das Publikum länger beschäftigt, viele die Neugier wach gerufen, wer sich denn hinter dem classischen Pseudonym etwa verstecken möchte. Einen irgend

---

[1] Erst seit 1836 veröffentlichen die Gemeinen, seit 1857 die Lords Abstimmungslisten; ebenso ist erst 1853 im Unterhause und 1857 im Oberhause die Gegenwart Fremder während der Abstimmung gestattet worden. MAY, Verfassungsgeschichte, I, 360.

grössern Einfluss haben sie aber nicht geübt. Der unsinnigen Politik und dem rechtswidrigen Vorgehen der Krone und des Parlaments war es vorbehalten, einem kühnen Agitator voll demagogischer Talente, der seinen Namen niemals zu verbergen versucht hatte, eine bedeutungsvolle Stellung in dem Kampfe des englischen Volks gegen die Regierungsweise Georg's III. zu verschaffen.

Kein Blatt hatte von dem ersten Tage seines Erscheinens an einen so leidenschaftlichen Krieg gegen die königliche Politik und ihren Hauptvertreter Lord Bute geführt, als der von John Wilkes verlegte und zum grössten Theil auch selbst geschriebene *North Briton*. Der geistvolle, witzige Autor übertraf alle journalistischen Vertreter der Sache des Volks und der Verfassung an furchtlosem Muthe. Sein Blatt sollte jedoch nicht lange ungestört Opposition machen: die 45. Nummer der Zeitschrift, die am 23. April 1763 erschienen war, enthielt eine Verhöhnung der Thronrede des Königs. Das Ministerium Grenville schrak nicht davor zurück, durch einen unrechtmässigen, weil nicht auf Wilkes' Namen lautenden Verhaftsbefehl den muthigen Journalisten in den Tower zu bringen und ihm dadurch einen Namen zu geben, der selbst der Krone gefährlich werden sollte. Angesehene und vornehme Männer, selbst der mit Wilkes befreundete, damals noch einen rücksichtslosen Liberalismus zur Schau tragende Herzog von Grafton, besuchten den Gefangenen. Der Lord Oberrichter der Common Pleas Pratt, der spätere Lord Camden, erklärte nach wenigen Tagen (2. Mai 1763) die Gefangennahme für ungesetzlich, da Wilkes Mitglied des Parlaments sei. Die Drucker des *North Briton* hingegen traf der Zorn der Regierung. In dem gegen sie anhängig gemachten Processe war der Oberrichter der Kings-Bench, Lord Mansfield, nicht müde geworden, der Jury einzuschärfen, dass sie nur und ausschliesslich über Druck und Veröffentlichung des incriminirten Zeitungsblattes zu entscheiden hätte: so war es ihm trotz des heftigsten Widerspruchs von seiten der Angeklagten, ihrer Vertheidiger und der gesammten öffentlichen Meinung gelungen, die Bestrafung der Drucker des *North Briton* zu erlangen. Und leider machte sich auch das Parlament zum Diener des königlichen Zorns gegen die Presse: als Wilkes eine neue, von dem grössten Wüstling des Parlaments wegen Immoralität denuncirte, übrigens gar nicht in den Buchhandel gekommene Schrift über die Frauen hatte drucken lassen, wurde ihm das Privilegium seiner Immunität genommen. Das Unterhaus erklärte ihn für unwürdig, im Parlamente zu sitzen und stiess nach heftigen Debatten den damals gerade im Duell schwer verwundeten Wilkes aus dem Hause der Gemeinen (Anfang 1764). Statt Wilkes zu schänden, wurde ihm hierdurch nur eine ungeheuere, infolge seiner Agitation immer wachsende Popularität zutheil, und bei der Neuwahl des Parlaments im Jahre 1768 wurde Wilkes, der seit

Anfang des Jahres 1764 als Flüchtling in Frankreich gelebt hatte, von der Grafschaft Middlesex ins Parlament gewählt. Doch dieses wollte ihn nicht aufnehmen, weil er sich der Bestrafung wegen der Nummer 45 des *North Briton* durch die Flucht nach Frankreich entzogen habe. Wilkes stellte sich infolge dessen dem Gerichte und wurde zu zweijährigem Gefängnisse verurtheilt, aus welchem er erst im April 1770 wieder frei geworden. Das aber genügte dem Parlamente nicht: eine angeblich verrätherische Schmähschrift gegen einen der Minister, Lord Weymouth, gab den willkommenen Anlass, um Wilkes abermals aus dem Unterhause zu stossen (3. Februar 1769). Die Wähler von Middlesex liessen jedoch ihren Liebling nicht fallen und wählten ihn dreimal wieder, obgleich das Haus der Gemeinen dreimal die Wahl für nichtig erklärte. Da entschloss sich das Unterhaus zu einem verhängnissvollen Rechtsbruche: es erklärte (8. Mai 1769) den Candidaten der Minorität, den Obersten Luttrell, obgleich er in der Middlesexwahl nicht 200 Stimmen gegen mehr als 1100 Stimmen, die für Wilkes abgegeben worden, erhalten hatte, für den rechtmässig gewählten Vertreter der Grafschaft Middlesex.[1]

Ein grellerer Rechtsbruch war noch nicht vor-

---

[1] May, Verfassungsgeschichte, I, 320 fg. May, Parlament, S. 54, 55. Mahon, History of England (Tauchnitz Edit.), V, 241. Correspondence of William Pitt, Earl of Chatham (London 1839), III, 356—358.

gekommen, und selbst von Wilkes beleidigte Whigs, selbst Männer, die der königlichen Partei näher standen, selbst Lords, die von der Gunst des Königs oder seinem Zorne in mancher Stunde eingeschüchtert worden waren, brachen in lauten zornigen Unwillen aus. Es war klar geworden: das Unterhaus hatte sich dem Könige gefügt; es verrieth die Rechte des Volks, die persönliche Freiheit, selbst seine eigenen Mitglieder; es kämpfte für den Vortheil, den der König und seine verschwenderische Gunst ihm gewährte und wollte keinen Umsturz der nichtswürdigen Regierung, die seit acht Jahren Englands Geschicke in Händen hielt. Die Liberalen mussten mit Schrecken erkennen, dass wenn nicht der Despotismus eines Einzigen, so doch der alles Recht verachtende Despotismus einer vielköpfigen Mehrheit vor der Thüre stand, dass die berufenen Wächter der Gesetze die schlimmsten und frechsten Verächter derselben geworden. Das Volk kam in Aufruhr und die Garde musste wiederholt — in England ein unerhörter Vorgang — die Menge mit den Waffen auseinander treiben. Der lange, nur im Parlamente und in der Presse geführte Kampf drohte auf der Strasse ein blutiges Nachspiel zu haben. Was war vom alten England noch sicher, wenn das Parlament seine Unabhängigkeit verrieth und die Richter die Geschworenen ihrer Rechte zu berauben versuchten, um das von der Regierung gewünschte Schuldig zu erlangen?

III.

Die Briefe des Junius.

In die Mitte des heftig erbitterten Kampfes, den das Königthum und seine Verbündeten gegen die Vertreter der hergebrachten Parlamentsregierung, gegen die Presse und die Geschworenengerichte eröffnet hatten, war bereits zu Ende des Jahres 1768 ein neuer Gegner der königlichen Politik getreten. Mit geschlossenem Visir, seinen Freunden wie Feinden gleich unbekannt, mischt er sich unter die Reihen der Streiter und beherrscht von nun an mit einer fast magischen Gewalt drei Jahre hindurch die öffentliche Meinung in England durch eine Feder, die bald in ruhigem, getragenem Tone die Leiden des Landes, die Fehler und Laster der Tories schildert, bald mit vernichtender Ironie die Feinde der Freiheit verfolgt, verhöhnt, verächtlich macht, die bald den Schmerz des Patrioten, bald die Leidenschaft eines ungeheuern Hasses zum stets vollendeten Ausdrucke bringt.

Da es damals nicht selten geschah, dass politische Flugschriften und Zeitungsartikel besonders polemischen Inhalts mit Pseudonymen unterzeichnet wurden, so war es an sich nichts Auffälliges, wenn den Mnemon, Modestus, Valerius auch ein Junius sich zugesellte. Auch scheint der erste von Junius unterzeichnete Brief, der vom 21. November 1768 datirt ist und die Sache des Mr. Wilkes betrifft, keine besondere Aufmerksamkeit erregt zu haben.[1] Das allgemeinste Interesse wurde aber dem zweiten Briefe des Junius zutheil, der am 21. Januar 1769 im *Public Advertiser* erschien und an den Drucker dieses Blattes, Mr. Woodfall, gerichtet war. Mit ihm beginnt die ruhmvolle Laufbahn des unbekannten Schriftstellers, und daher erklärt es sich, dass Junius die von ihm selbst veranstaltete Sammlung seiner Briefe mit diesem, nicht mit dem Briefe vom 21. November 1768 eröffnet hat. Und in der That machen der meisterhafte Stil und die sichere Zeichnung der Lage und der Personen, die genaue Kenntniss der Verhältnisse und der warme und edle Patriotismus, der in dem Briefe über den Zustand der Nation sich offenbart, auch heute noch die Aufmerksamkeit begreiflich, die sich damals sofort dem neuen Journalisten zuwandte.[2]

---

[1] Vgl. diesen Brief in Junius; a new and enlarged edition by John Wade (London 1865, Bohn's Standard Library), II, 257—259.

[2] JUNIUS (Bohn's Standard Library, London 1878), I, 103 fg. Die mitgetheilten Stellen aus Junius' Briefen sind in der Regel der Ruge'schen Uebersetzung entnommen.

Junius beginnt seinen Brief an Mr. Woodfall mit einer Darlegung der Anschauung, welche der Engländer von dem Gehorsam gegen das Gesetz und der Ergebenheit gegen seinen König habe. Die edelste Eigenschaft des Schriftstellers offenbart sich in der classischen Einfachheit der Diction, in der scharfen und knappen Fassung der Sätze, in der würdevollen Hoheit der Sprache. „Die Unterwerfung eines freien Volks unter die Träger der Executivgewalt ist weiter nichts, als eine Fügsamkeit gegen Gesetze, die es sich selbst gegeben hat. So lange nach aussen die Nationalehre entschlossen aufrecht erhalten und nach innen die Gerechtigkeit unparteiisch gehandhabt wird, so lange wird der Gehorsam des Bürgers willig, freudig, und ich möchte fast sagen, unbegrenzt sein. Ein edles Volk ist schon für die Erhaltung seiner Rechte dankbar und erweitert die Achtung, welche es dem Amte eines guten Fürsten schuldig ist, gern zur Anhänglichkeit für seine Person. In Herz und Verstand eines Engländers ist Loyalität eine verständige Zuneigung zu dem Wächter über dem Gesetz. Vorurtheile und Leidenschaft haben diese Ergebenheit bisweilen zu einem verbrecherischen Grade gesteigert, und was auch Fremde denken mögen, wir wissen, dass Engländer ebenso sehr in einem misverstandenen Eifer für einzelne Personen und Familien als nur immer in der Vertheidigung dessen, was sie für ihr Höchstes und Theuerstes hielten, gefehlt haben.“ Es erfülle natürlich mit

Unwillen, fährt Junius fort, eine solche Gesinnung mishandelt oder misbraucht zu sehen. „Die Lage unsers Landes ist beunruhigend genug, um jeden zur Aufmerksamkeit zu erwecken, der den Anspruch erhebt, an dem öffentlichen Wohl theilzunehmen. Der Anschein rechtfertigt den Verdacht, und wenn das Heil einer Nation auf dem Spiele steht, ist der Verdacht ein hinlänglicher Grund zur Untersuchung. Beginnen wir sie mit Wahrheit und Anstand. Wir sind der Stellung der Minister Achtung schuldig; und wenn schliesslich ein Entschluss gefasst werden muss, ist keiner so leicht mit Festigkeit aufrecht zu erhalten, als der, zu dem wir mit Mässigung gelangt sind.“ Junius wendet sich hierauf dem damaligen Zustande Englands zu und glaubt die allgemeine Unzufriedenheit der Nation der Regierung vorwerfen zu dürfen; denn das Verderben oder die Blüte eines Volks hänge so sehr von seiner Regierung ab, dass wir, um die Verdienste eines Ministeriums kennen zu lernen, nur den Zustand eines Volks zu beobachten brauchen. „Wenn wir es gehorsam gegen die Gesetze, blühend in seiner Industrie, einig daheim und geachtet nach aussen finden, so können wir vernünftigerweise annehmen, dass seine Angelegenheiten durch Männer von Erfahrung, Talent und Redlichkeit geleitet werden. Wenn wir im Gegentheil einen allgemeinen Geist des Mistrauens und der Unzufriedenheit, einen schnellen Verfall des Handels, Parteiung in allen Theilen des Reichs und einen gänzlichen

Verlust der Achtung in den Augen fremder Mächte entdecken, so können wir ohne Zögern aussprechen, dass die Regierung dieses Landes schwach, kopflos und verderbt ist.“ Bei der Thronbesteigung Georg's III. seien die Engländer ein blühendes und zufriedenes Volk gewesen, und „wenn die persönlichen Tugenden eines Herrschers das Glück seiner Unterthanen hätten sichern können, würde die Scene sich nicht so gänzlich verändert haben, wie es geschehen ist. Der Gedanke, alle Parteien zu vereinigen, es mit allen Charakteren zu versuchen und die Staatsämter an alle der Reihe nach zu vertheilen, war gnädig und wohlwollend bis zum Uebermass, obgleich er die vielen heilsamen Wirkungen, welche damit beabsichtigt wurden, noch nicht hervorgebracht hat. Ganz abgesehen von der Weisheit eines solchen Planes entsprang derselbe unzweifelhaft aus einer grenzenlosen Herzensgüte, an welcher Thorheit keinen Theil hatte. Es war keine eigensinnige Vorliebe für neue Gesichter; es war kein natürlicher Hang zu kleinlicher Intrigue; noch war es die verrätherische Freude an doppelten und dreifachen Unterhandlungen. Nein, er entstand in dem reinsten aller Herzen aus einer ununterbrochenen Sorge für das allgemeine Wohl. Zum Unglück für uns hat der Erfolg der Absicht nicht entsprochen. Nach einer reissend schnellen Folge von Ministerwechseln sind wir zu einem Zustande gelangt, den schwerlich irgendein Wechsel bessern kann.“ Aber nicht die Krankheit, sondern der Arzt, nicht ein zufälliges Zusammentreffen unglücklicher Umstände, sondern einzig die verderbliche Hand der Regierung werde im Stande sein, das englische Volk zur Verzweiflung zu bringen. Hierauf wendet Junius sich zu den einzelnen Ministern, den Premier, Herzog von Grafton, an der Spitze, endlich zu dem Oberrichter Lord Mansfield. Zwar bleibt auch hier seine Sprache ruhig; aber die Rücksicht, die er in der Einleitung des Briefs dem Könige bewiesen, wirft er beiseite. Mit schonungsloser Offenheit bespricht er die Unwissenheit und Charakterlosigkeit des Grafton'schen Ministeriums. Der Herzog von Grafton, ein junger durch das Spiel ruinirter Edelmann, nur durch Zufall Minister geworden, abgefallen von jeder ehrenhaften Verpflichtung gegen das Volk, ohne Talente und ohne Charakter, soll die Finanzen einer Nation verwalten, die unter der Last ihrer Schulden und Ausgaben erliegt. Lord North, der Kanzler des Schatzamtes, aber seines Amtes so unkundig, dass er bereits der Gegenstand des Gelächters seiner Feinde, des Bedauerns seiner Freunde geworden, mag daran denken, die öffentliche Schuld zu vermindern, die Schulden der Civilliste und die Art ihrer Entstehung aufs ernsteste zu prüfen; der Versuch, neue Millionen zu borgen, könnte einen Geist der Entrüstung hervorrufen, welcher über den Sturz eines Ministers hinausreichte. In gleich markiger Sprache wird der Minister der amerikanischen Colonien, Earl of Hillsborough, und der Minister des Innern, Viscount

Weymouth, der spätere Marquis of Bath, von Junius abgefertigt und dann mit wenigen scharfen Strichen das Bild des Oberbefehlshabers der Armee, Marquis of Granby, gezeichnet. Derselbe war das populärste Mitglied des ganzen Cabinets, galt als tapfer und freigebig. Junius bestreitet dem alten trinklustigen Offizier diese Eigenschaften nicht, bedingt und beschränkt sie aber in solcher Weise, dass die entgegenkommende Liebenswürdigkeit sich zur Leichtfertigkeit im Versprechen und Treulosigkeit im Worthalten verflüchtigt, die Freigebigkeit zum schamlosen Nepotismus wird. Den Schluss dieser Skizze des Cabinets bilden die schwersten Anklagen gegen Lord Mansfield: Abhängigkeit von der Regierung, Verrath der Gerechtigkeit und der Heiligkeit des Amtes, betrügerische Benutzung des Gerichtsverfahrens zur Durchführung der vom Ministerium gewünschten Racheacte werden dem Oberrichter von England in kühlem, leidenschaftslosem Tone vorgeworfen. Dann fasst Junius den Inhalt seines Briefs in den Worten zusammen: „Dies ist das Detail. Sie sehen auf Einen Blick ein Volk mit Schulden überhäuft, seine Einkünfte verschwendet, seinen Handel im Sinken, die Gesinnung seiner Colonien entfremdet, die Pflichten der Magistrate dem Militär übertragen, eine tapfere Armee, die aus Mangel eines fähigen Anführers verkommt, und zuletzt eine Gerechtigkeitspflege, welche der ganzen Masse des Volks verhasst und verdächtig geworden ist."

Das Aufsehen, das dieser Brief des Junius machte, war gross, würde aber doch wol inmitten einer eifrigen und leidenschaftlichen Zeitungspolemik kaum von Dauer gewesen sein, hätte sich nicht ein allzu muthiger Offizier, Sir William Draper, einfallen lassen, den Oberbefehlshaber Lord Granby gegen Junius' Angriffe zu vertheidigen.

Sir William Draper[1] war ein hoher Offizier, der eine feine classische Bildung auf der Schule zu Eton und der Universität zu Cambridge erworben hatte und später in die Armee getreten war. Sein Name war zuerst in dem Kriege Englands mit Spanien, der im Anfang des Jahres 1762 begonnen hatte, allgemeiner bekannt geworden. Unmittelbar nachdem die Nachricht des neuen Kriegs in Indien eingetroffen war (Herbst 1762), hatte nämlich der damalige Brigadegeneral Draper die in spanischem Besitze befindlichen Philippinen überfallen und die Stadt Manila im Sturme erobert. Dem damaligen Kriegsrechte entsprechend, das die Plünderung gestürmter Städte gestattete, hatte Draper mehrere Stunden hindurch Manila plündern lassen, hierauf aber der Plünderung Einhalt gethan, da er mit dem Erzbischof von Manila, der zugleich der oberste weltliche Beamte auf den Philippinen war, eine Capitulation geschlossen hatte, des Inhalts, dass zwei Millionen Dollars in baarem Gelde

---

[1] Vgl. JUNIUS, a. a. O., I, 116, und MAHON, a. a. O., IV, 278, 279; V, 59, 60.

sofort und weitere zwei Millionen in Wechseln auf den Staatsschatz zu Madrid als Lösegeld für die der Plünderung verfallene Stadt Manila an Draper und seine Truppen gezahlt werden sollten. Nachdem der Friede zwischen Spanien und England wiederhergestellt worden war (durch den Frieden von Paris vom 10. Februar 1763) waren auch die von dem Erzbischof von Manila auf den spanischen Staatsschatz gezogenen Wechsel präsentirt, von den spanischen Ministern aber rundweg für null und nichtig erklärt worden. Alle Versuche der englischen Diplomatie, die spanische Regierung zu einer Anerkennung des von Draper mit dem Erzbischof von Manila abgeschlossenen Abkommens zu bewegen, waren vergeblich gewesen, und es war somit Draper ebenso wol wie seinen Offizieren und Mannschaften die volle Hälfte des ungeheuern Lösegeldes für Manila verloren gegangen. Draper hatte sich aber hierbei nicht beruhigt, sondern theils in Flugschriften und öffentlichen Blättern, theils in wiederholten Eingaben und Gesuchen an die Regierung sein und seiner Kameraden Rechte auf das Manila-Lösegeld verfochten. Aber weder das Publikum noch die Regierung hatte sich seiner Forderungen mit Wärme angenommen; die Regierung hatte sogar schliesslich jede weitere Verwendung in Draper's Angelegenheit abgelehnt, weil ein energisches Bestehen auf der Zahlung des Lösegeldes einen neuen Krieg mit Spanien zur Folge haben würde. Dagegen hatte sie die militärischen Verdienste Draper's anerkennen zu müssen geglaubt, vielleicht auch für nöthig befunden, den General, der durch das Verbot der Plünderung von Manila angeblich sein und seiner Kameraden Interesse schwer geschädigt und die Verweigerung der Zahlung des Lösegeldes als eine Beleidigung der englischen Nation darzustellen versucht hatte, durch besondere Gunstbezeugungen zum Schweigen zu bringen: Draper hatte den Bath-Orden und die Ritterwürde empfangen; zugleich war ihm ein irisches Regiment verliehen worden. Seit dieser Zeit hatte wenigstens das grosse Publikum von Draper's Betreiben der Manila-Angelegenheit nichts weiteres gehört. Der hohe, durch Bildung und feine gesellschaftliche Sitte ausgezeichnete Offizier bewegte sich in der feinsten Gesellschaft Londons und schien den ärgerlichen Handel wegen des Manila-Lösegeldes vergessen zu haben. Unzweifelhaft würde auch er selbst vergessen worden sein, hätte er sich nicht für berufen erachtet, die Angriffe zurückzuweisen, mit denen Junius den Oberbefehlshaber Lord Granby überschüttet hatte. Junius wurde dadurch veranlasst, seine die Verwaltung der Armee betreffenden Vorwürfe auszuführen und zu begründen, und entwickelte hierbei eine so genaue eingehende Kenntniss der Verhältnisse und der Personen, dass das Publikum ihn von nun an für einen geradezu unwiderlegbaren Kenner der intimsten Vorgänge in den Ministerien hielt.

Der arme Draper musste Junius' genaue Kenntniss der Angelegenheiten des Kriegsdepartements an sich selbst zu seinem grossen Nachtheile empfinden. Junius begnügte sich nämlich nicht, aus Draper's ungeschickter Vertheidigung des Oberbefehlshabers neue Beweise für seine Anklagen gegen denselben abzuleiten, sondern erklärte zum Schlusse seiner ersten Erwiderung, „es könne selbst für Lord Granby von Wichtigkeit sein, wenn festgestellt werde, ob der Mann, der ihn so übertrieben gelobt habe, selbst Lob verdiene oder nicht". Und damit wendet sich Junius zur Untersuchung der Frage, weshalb Draper nicht mehr wie früher die Sache der tapfern Armee vertrete, durch deren Muth bei Manila sein Glück begründet worden sei: „Hat das Ministerium Ihnen einige Motive an die Hand gegeben, die einen Mann von Ehre verführen konnten, die Sache seiner Kameraden zu verlassen und zu verrathen? War es das erröthende Band, welches jetzt die nie fehlende Zierde Ihrer Person ist? Oder war es das Regiment, welches Sie später — eine Thatsache ohne Vorgang unter Soldaten — an Oberst Gisborne verkauften? Oder war es jenes Commando, wofür Sie mit Vergnügen den vollen Gehalt neben dem halben eines irischen Obersten fortbeziehen? Und scheuen Sie sich nicht, jetzt nach einem Rücktritte, der dem des Scipio nicht gerade ähnlich sieht, ohne dass man an Sie denkt, ohne dass man Sie aufruft, sich der Geduld des Publikums aufzudrängen?" Draper's schnelle Vertheidigung nützte ihm wenig: er musste zugeben, dass er sein Regiment — allerdings mit königlicher Genehmigung — an den Obersten Gisborne für dessen Halbsold und eine Leibrente von 200 Pfd. St. abgetreten habe und ausserdem noch 167 Pfd. St. von seinem Commando in Yarmouth beziehe.

Junius hatte also die volle Wahrheit gesagt und einen zweifellos schmuzigen Handel aufgedeckt, wenn er auch, wie Draper ihm triumphirend nachwies und neuerdings auch Macaulay [1] bestätigt hat, in dem Urtheil über die rechtliche Zulässigkeit der Verbindung einer Pension mit dem Gehalte für ein noch bekleidetes Amt geirrt hatte. Junius behauptete nämlich, der Halbsold dürfe keinem Offizier gewährt werden, bevor derselbe nicht durch Eid oder Ehrenwort bekräftige, keine besoldete Civil- oder Militärstelle zu bekleiden, während dies nur die Voraussetzung für den Empfang des Halbsoldes in der englischen Armee war. Draper aber empfing den Halbsold als irischer Oberst und hatte als solcher keine derartige Versicherung abzugeben gehabt. Allein dieser Irrthum des Junius verwischte den Eindruck der vollständigen Niederlage Draper's nicht, und Junius ist sich seines glänzenden Siegs über den bisher so hoch geachteten Offizier wohl bewusst, wenn er ihm endlich in seinem Abschiedsbriefe erklärt: „Aus den Lectionen, die ich Ihnen gegeben habe, können Sie eine

---

[1] Mahon, a. a. O., V, 375.

nützliche Lehre für Ihr künftiges Leben ziehen. Entweder werden Sie daraus lernen, in Zukunft Ihr Betragen so einzurichten, dass Sie auch den böswilligsten Nachforschungen Trotz bieten können; oder wenn das eine verlorene Hoffnung ist, so werden sie daraus die Klugheit lernen, die öffentliche Aufmerksamkeit nicht auf einen Charakter zu ziehen, welcher nur dann ohne Tadel durchschlüpfen kann, wenn er unbeachtet bleibt."

Sir William wagte es aber doch noch einmal und zwar im Herbste des Jahres 1769, als Junius schon ein so gelesener Schriftsteller geworden, dass die bisher von ihm veröffentlichten Briefe im Nachdruck erschienen, mit dem unbekannten Gegner anzubinden.[1] Die tödliche Verletzung, die Junius seiner Ehre durch Aufdeckung der Geheimnisse seiner militärischen Laufbahn geschlagen, liess den General nicht ruhen. Das Gefühl der vollständigen Ohnmacht dem unpersönlichen Gegner gegenüber, von welchem man nichts als den tödlichen Dolch, nicht aber die Hand, die ihn führe, wahrnehmen könne, bringt den alten Haudegen zur Verzweiflung, und so sucht er den ihm so furchtbaren Schriftsteller unter Berufung darauf, dass er von vielen Zeitungen ein Lügner und Feigling gescholten worden, aus seinem Verstecke herauszulocken. „Treten Sie hervor", ruft er aus, „das Volk erträgt ihre Löwenhaut nicht länger! Wenn ich sterben

[1] Letter XXIV.

soll, Junius, so lass mich im Angesichte des Tags sterben; sei einmal ein edler und offener Feind!" Und endlich fordert er ihn zum Duell heraus, obgleich er selbst den Verstand hat, hinzuzufügen, kaltes Eisen sei kein besserer Beweis für die Ehre eines Mannes als die Feuerprobe für die Treue eines Weibes. Junius setzt über seine Antwort[1] die Worte: *Haeret lateri letalis arundo*, und fertigt mit kühlem leidenschaftslosen Hochmuthe den wuthschäumenden Eisenfresser ab. Warum habe er sich unberufen zum Vertheidiger des Oberbefehlshabers gemacht; er sei gar nicht angegriffen worden; trage er also die Folgen des Kampfes, den er freiwillig mit Junius begonnen. Die Maske werde Junius nicht abwerfen, um sich nicht der Rache der verworfensten und mächtigsten Männer des Landes auszusetzen; der Vorwurf der Feigheit und Lügenhaftigkeit werde ihn nicht zum Lüften des Visirs treiben: „Glauben Sie ernstlich, dass ich irgend verpflichtet bin, von den einfältigen Schimpfreden jedes Schwachkopfes, der in eine Zeitung schreibt, Notiz zu nehmen?" „Ihre Berufung auf das Schwert kann weder Ihre Unschuld beweisen noch Sie von dem Verdachte freimachen. Wollen Sie dennoch fechten, so sind andere da, die Sie umbringen können." Der tapfere Draper wirft sich aber noch einmal seinem Feinde entgegen,[2] jetzt

---

[1] Letter XXV.

[2] Letter XXVI.

schon offen die Furchtbarkeit des Dolche redenden Pamphletisten anerkennend: „Auf Ihrem politischen Marterbette können Sie jeden vom ersten Minister bis herab zu einem solchen Wurm oder Schmetterling, als ich selbst bin, quälen. Muth, Standhaftigkeit und Geduld unter den Qualen haben bisweilen die verhärtetsten Ungeheuer gerührt. Sie aber sind entschlossen, alles zu versuchen, was die menschliche Natur aushalten kann, bis sie den Geist aufgibt." Auch auf diesen Abschiedsbrief hat Junius noch geantwortet [1], aber Sir William keine neuen Vorwürfe gemacht; der ganze Streit mit dem der Politik so fernstehenden Offizier hatte ja überhaupt nicht in Junius' Absicht gelegen: „Wenn Sir William Draper's Bett ein Marterbett ist, so hat er es sich selbst bereitet."

Der letzte Brief Draper's datirt vom 7. October, die Antwort Junius' vom 13. October 1769. Unmittelbar darauf, noch im October, verliess Draper Europa, um sich in Amerika zu verbergen. Von dort ist er — anscheinend erst nachdem Junius zu schreiben aufgehört hatte — wieder nach England zurückgekehrt. In den Vordergrund des öffentlichen Lebens ist er nicht wieder getreten. Wenn erzählt wird [2], Sir William habe sich später sehr anerkennend über Junius ausgesprochen und erklärt, er halte ihn jetzt für einen ehrenwerthen Mann,

---

1 Letter XXVII.

2 JUNIUS, a. á. O., S. 133.

und es gebe niemand, mit dem er so gern eine Flasche Burgunder trinken würde, als Junius, so dürfen wir diese sehr ungenügend verbürgte, auf blossem Hörensagen beruhende Erzählung wol als apokryph bezeichnen. Sir William tritt uns in seinen Briefen als ein heftiger Mann von reizbarem Ehrgefühl entgegen. Lässt sich damit ein so schnelles Verzeihen, etwa zwei Jahre, nachdem Junius seine Ehre so tief gekränkt, wol vereinigen? Junius, der seinen Gegner gut zu kennen scheint, urtheilt anders von ihm: „Wenn ich Ihren Charakter recht verstehe, so ist in Ihrer Brust ein Fach, in welches Ihre Empfindlichkeit für künftige Gelegenheiten sicher niedergelegt und ohne Gefahr der Verminderung aufbewahrt werden kann.“ [1]

Diese kurze Episode in dem dreijährigen Kriege, den Junius gegen die bestehende Regierung geführt hat, ist für ihn von höchster Bedeutung gewesen. Nach der Abfertigung des hochstehenden, vielgenannten, mit einem der höchsten Orden des Königreichs geschmückten Generals glaubte das Publikum an Junius. Man hatte einen bis dahin geachteten Offizier mit schweren Wunden den Kampfplatz verlassen sehen und hatte wahrgenommen, dass Junius' Hauptwaffe in diesem Streite nicht seine schneidige Feder, seine vollendete Sprache, sein treffender Witz, sondern seine besondere genaue Kenntniss der einschlagenden Ver-

[1] Letter XXV.

hältnisse war. Aus dem stolzen, häufig hochmüthigen Tone, den Junius anschlug, schloss man auf einen vornehmen, aus seiner Sprache auf einen gebildeten, aus seiner Kenntniss auf einen in hoher amtlicher Stellung befindlichen Mann, und so konnte denn Junius das nächste Opfer, auf das er sich mit der ganzen niemals erschlaffenden Heftigkeit seines Wesens warf, obgleich es viel höher als Draper stand, mit der Ueberzeugung angreifen, das Publikum werde ihm nicht blos Aufmerksamkeit schenken, sondern ihn mit dem Glauben, ja mit der Hoffnung auf künftigen Sieg in den Kampf begleiten.

Unter solchen Aussichten begann Junius seinen Krieg gegen den Premierminister, den Herzog von Grafton, den er von dem ersten an ihn gerichteten Briefe (vom 18. März 1769) bis zum Schlusse seiner politischen Correspondenz nicht wieder losgelassen hat. Wie die wüthende Meute ein Wild verfolgt und es nicht eher freigibt, als bis es zusammengebrochen, so stürzt sich Junius auf den Herzog, jagt ihn durch alle Irrgänge seiner Politik, durch alle Erinnerungen seines lasterhaften Privat-, seines an Verrath und Treulosigkeit reichen politischen Lebens, packt ihn bei jeder Schwäche, bald mit dem natürlichen Pathos des um sein Vaterland tief besorgten Patrioten, bald mit beissendem Witze; bald verhöhnt er ihn im Tone eines Mannes, der sich nur ungern mit einem so niedrigen Gesellen wie dem Herzog abgibt, bald lässt er der wilden

Kraft seines leidenschaftlichen Hasses freien Lauf und erschüttert den Leser durch die Macht einer Sprache, die wie der Fluch eines Propheten klingt.

Der unmittelbare Anlass des ersten an den Herzog gerichteten Briefs[1] ist die Begnadigung eines gewissen von den Geschworenen wegen Todschlags verurtheilten Edward M'Quirk, der bei dem letzten Wahlkampfe in Middlesex für den Candidaten der königlichen Partei gestimmt und einen Wähler der Wilkes'schen Partei erschlagen hatte. Da der König nicht begnadigte, ohne seine Minister gehört zu haben, so war allerdings auch Grafton für diesen Gnadenact verantwortlich. Junius aber motivirt seinen Angriff anders: „Ich werde die Begnadigung als eine ministerielle Massregel betrachten, weil sie eine verhasste ist, und als Ihre Massregel, mein Herr Herzog, weil Sie der Minister sind.“ Warum, so fragt Junius, hat der Herzog diese Massregel befürwortet? Stand ihm der Mörder zu nahe? Gebrauchte er ihn öfter zu derlei Diensten? Oder sieht der Herzog lieber ein paar Dutzend solcher Elender durch die Garde schlachten, als einen einzigen den Tod im regelmässigen Laufe des Gesetzes leiden? „Wie kommt es, Mylord, dass in Ihrer Hand selbst die Gnade der Krone sich in Grausamkeit und Unterdrückung für die Unterthanen verwandelt? Ist es Euer Gnaden nicht eingefallen, als Sie diesen unverbesser-

---

[1] Letter VIII.

lichen Bösewicht der Strafe entzogen, dass es einen andern Mann, Mr. Wilkes, gibt, einen Liebling des Landes, dessen Begnadigung mit Dank aufgenommen sein würde, dessen Begnadigung all unsern Zwiespalt geheilt haben würde? Haben Sie ganz vergessen, dass dieser Mann einst Ihr Freund war, oder wollen Sie die Gnade der Krone nur auf Mörder erstrecken?"

Die Vorwürfe wegen der Behandlung Wilkes', der Annullirung seiner Wahl in Middlesex und der Anerkennung des Mr. Luttrell als des wirklichen Vertreters der Grafschaft kehren in allen Briefen an den Herzog wieder: „Die Folgen dieses Angriffs[1] auf die Verfassung sind zu einleuchtend, zu handgreiflich, als dass sie nicht selbst die trägsten Geister beunruhigen sollten. Ich hoffe, Sie werden finden, dass es dem englischen Volke weder an Muth noch an Verstand fehlt. Fahren Sie fort, Ihren gnädigen Herrn mit falschen Vorspiegelungen über die Stimmung und Lage seiner Unterthanen zu täuschen. Aber hoffen Sie nie, dass die Wähler ihre Rechte sanftmüthig ausliefern, noch dass eine englische Armee sich mit Ihnen vereinigen werde, um die Freiheit ihres Vaterlandes umzustürzen. Sie wissen, dass ihre erste Bürgerpflicht allen übrigen Verpflichtungen vorangeht, und sie wird weder die Disciplin noch die Ehre ihres Standes ihren heiligen ursprünglichen Rechten vor-

[1] Letter XI.

ziehen, Rechten, die den Männern zukamen, ehe sie Soldaten waren." „Kehren Sie um, Mylord, ehe es zu spät ist", setzt Junius noch diesem Ausbruche seiner Leidenschaft höhnisch hinzu, „nehmen Sie Ihre Maitresse wieder, besuchen Sie die Pferderennen zu Newmarket! Schwäche und Unthätigkeit sind sicherer als Kühnheit und Verbrechen, und gross ist der Unterschied zwischen einem Volksauflaufe und einer Erschütterung des Königreichs. Sie können es erleben, dass Sie die Erfahrung machen; aber kein Ehrenmann kann wünschen, dass Euer Gnaden sie überleben." Denselben Ton schlägt Junius in einem andern Briefe[1] an, in welchem er Charakter und Betragen des Herzogs zum Gegenstande einer aufmerksamen Untersuchung machen will: „In beiden ist etwas, das Sie nicht nur von allen andern Ministern, sondern von allen andern Menschen unterscheidet. Dass Sie absichtlich Unrecht thun, das ist es nicht, sondern dass Sie nie aus Versehen Recht thun. Auch das ist es nicht, dass Sie Ihre Trägheit und Ihre Thätigkeit gleich unpassend anwenden, sondern dass Ihr Genius Sie durch jede mögliche Veränderung und jeden Widerspruch des Betragens geführt hat, ohne auch nur einen momentanen Schimmer oder Anstrich von Tugend, und dass der Geist der wildesten Unbeständigkeit Sie auch nicht ein einziges mal zu einer weisen und ehrenhaften That

[1] Letter XII.

verleitet hat.“ Doch, wendet sich Junius selbst ein, der Herzog wird durch seine Abstammung von Karl II. gerechtfertigt: „Sie können mit Vergnügen auf einen Stammbaum zurückblicken, in welchem die Heraldik keine einzige gute Eigenschaft verzeichnet hat. Karl I. lebte und starb als ein Heuchler; Karl II. war ein Heuchler anderer Art und hätte auf demselben Schaffote sterben sollen. Nach dem Zwischenraume eines Jahrhunderts sehen wir ihre verschiedenen Charaktere in Euer Gnaden glücklich wieder auferstanden und vermischt: finster und strenge ohne Religion, liederlich ohne leichten Sinn, leben Sie wie Karl II., und ich wüsste nicht, warum Sie nicht sterben könnten, wie sein Vater, ohne den Ruhm eines Märtyrers zu erwerben.“

Junius hat nach dieser Reihe furchtbarer Angriffe, welche er vom 18. März bis 8. Juli 1769 auf den Herzog von Grafton machte, ohne auch nur ein einziges mal den Gegenstand seines Angriffs zu wechseln, noch einmal den Feldzug gegen den Premierminister im November 1769 eröffnet. Ein Mr. Vaughan hatte den Herzog von Grafton durch das Angebot von 5000 Pfd. St. zu bestimmen versucht, ihm ein Amt in Jamaica zu übertragen, und war deshalb von der Kings-Bench verurtheilt worden. Junius klagt nun [1] den Herzog an, er habe nur die gute Gelegenheit benutzt, um eine gewisse Delicatesse zu beweisen, die ihm niemand zutraue,

---

[1] Letter XXXIII, XXXIV.

habe dagegen bei anderer Gelegenheit sich nicht gleich zartfühlend gezeigt, sondern einen ebenso schmuzigen als rechtswidrigen Handel zwischen einem Mr. Hine und dem Obersten Burgoyne begünstigt. Der letztere, ein verschuldeter Offizier, hatte bei der Parlamentswahl im Jahre 1768 in dem Wahlflecken Preston grobe Excesse und Umtriebe angestiftet und war deshalb von der Kings-Bench zu 1000 Pfd. St. Strafe verurtheilt worden. Jetzt warf Junius dem Herzog von Grafton vor, er habe dem Obersten eine Stelle gegeben, damit dieser sie für 3500 Pfd. St. an einen Mr. Hine verkaufen und sich so von seinen Schulden befreien könne. Und nicht genug damit: Burgoyne sei nach diesem compromittirenden Geschäfte sogar zu einer höhern militärischen Stellung befördert worden. Die Vertheidiger des Herzogs und des Obersten waren nicht im Stande, Junius' Angaben Lügen zu strafen. Also auch diesmal bewies Junius seine genaue Kenntniss geheimer Vorgänge in den Ministerien. Aber Junius bleibt nicht an diesen Einzelheiten haften; sie sind nur der Anlass und Ausgangspunkt für neue Angriffe gegen den Premierminister. In einem Briefe vom 14. Februar 1770 [1], der uns geradezu erstaunen macht durch die immer neuen Wendungen, in welchen Junius seine Verachtung des Herzogs ausspricht, nimmt er von ihm Abschied. Grafton's Ministerium war

---

[1] Letter XXXVI.

unvollständig geworden. Nach der Proclamirung Mr. Luttrell's zum Abgeordneten für Middlesex an Stelle des dreimal gewählten Mr. Wilkes hatte sich der greise Chatham vom Krankenbette erhoben und im Oberhause eine mit Recht in den Annalen des Parlamentarismus berühmte Rede gehalten, welche, ohne dass Chatham die Majorität erlangte, das Ministerium Grafton sprengte. Der ehrliche Lord Camden war, erschüttert durch Chatham's Angriffe, von seinem Posten als Lordkanzler zurückgetreten, und der durch die königlichen Bitten bestürmte und durch den eigenen Ehrgeiz zur Annahme des ihm angebotenen Grossen Siegels verführte Yorke, der Nachfolger Camden's, hatte sich so sehr vor sich und seinen Freunden geschämt, in das Ministerium Grafton getreten zu sein und vom Könige eine Pairie angenommen zu haben, dass er sich wenige Stunden, nachdem er den Amtseid geleistet, das Leben nahm. „In welche erniedrigende Lage", ruft Junius dem Herzog zu[1], „haben Sie den besten Fürsten gebracht, da der unglückliche Mann, welcher zuletzt einer persönlichen Verwendung und Bitte, wie sie niemals mit Anstand an einen Unterthan gerichtet werden kann, nachgibt, sich durch seine Willfährigkeit entehrt fühlt, und die entehrende Ehre, welche sein gnädiger König ihn anzunehmen genöthigt, nicht zu überleben vermag! Er war ein Mann von Ehre: denn

[1] Letter XXXVI.

er hatte ein lebhaftes Schamgefühl, und sein Tod hat seinen Charakter gesühnt.“ Grafton war ausser Stande, unter seinem Namen ein Cabinet zu vereinigen. Keiner von den vielen, denen er das Amt des Lordkanzlers anbot, acceptirte. Unfähig, dem Bündnisse des grössten Staatsmanns und des kühnsten Schriftstellers zu widerstehen, resignirte endlich der gebrandmarkte Minister. Junius übt aber auch an dem Gefallenen noch strenges Gericht und ruft ihm endlich zu: „So ziehen Sie sich denn zurück, Mylord, und verbergen Sie Ihr Erröthen vor der Welt! Mit einer solchen Last von Schmach kann selbst Schwarz seine Farbe verändern.“ [1]

Doch Grafton folgte diesem Rathe nur kurze Zeit, trat wieder in das Cabinet, und dies ist der Anlass der letzten, im Sommer des Jahres 1771 geschriebenen Briefe, die Junius dem Herzog widmet. Der Ton ist noch verächtlicher, der Hass des Junius erscheint noch glühender. Auch diese Briefe [2] decken wieder einige Privatgeschäfte des Herzogs auf. In dem Staatsforste von Whittlebury, dessen erblicher Oberforstmeister Grafton war, sollten auf Grund eines Befehls des Schatzamtes einige Stämme für die königliche Flotte geschlagen werden, die damals in einem sehr traurigen Zustande sich befand und einem Kriege entgegensah. Der Herzog aber hatte, wie Junius berichtet, im Widerspruche mit

[1] Letter XXXVI.

[2] Letter XLIX, L, LVII, LXVII.

der von Karl II. herrührenden erblichen Verleihung des Oberforstmeisteramts behauptet, dass das in dem Walde befindliche Zimmerholz Eigenthum des Oberforstmeisters und nicht der Krone sei, und trotz der energischen Vorstellungen der Admiralität, welche der auserlesen schönen Stämme des Forstes dringend bedürftig war, die Ausführung des Regierungsbefehls durch seinen mächtigen Einfluss gehindert. Ja, nicht zufrieden damit, auf diese Weise der Krone ihr Eigenthum vorzuenthalten und die Ausrüstung der Flotte zu schädigen, hatte der Herzog durchgesetzt, dass der Beamte, welcher sich bereits an die Ausführung des ihm vom Schatzamte gewordenen Auftrags gemacht hatte, aus dem Dienste entlassen wurde, angeblich weil er den Nachweis der ihm ertheilten Vollmacht nicht sofort hatte erbringen können. Eine anscheinend officiöse Berichtigung eines Pseudonymus Philalethes [1] widerlegte zwar die von Junius gemachte Angabe, dass der Herzog das Holz für sein Eigenthum erkläre und der Krone das Schlagen desselben rundweg verweigere, gab aber doch zu viel zu, um als eine wirklich vollständige Widerlegung angesehen werden zu können. Dass Junius viel Wahres sagt und jedenfalls glaubt, die ganze Wahrheit zu wissen, darf nicht bezweifelt werden. Er erzählt den ganzen Handel ruhig und in knappster Fassung. Nachdem er aber die Erzählung mit den

---

[1] Junius, a. a. O., I, 403—405.

einfachen Worten geschlossen: „Sie haben einen schuldlosen Mann und seine Familie ruinirt", ergreift ihn die zurückgedrängte Leidenschaft; selbst diesem grossen Stilisten scheint der deckende Ausdruck für das Mass seines Hasses zu fehlen, wenn er in die Worte ausbricht: „In welcher Sprache soll ich einen so schwarzen, so feigen Tyrannen anreden? Du schlechter als einer von den Braunschweigern und alle Stuarts! Glaubst du, die Gnade des Königs könne Berge von Schande versetzen?" Die letzten Worte des letzten an Grafton gerichteten Briefs sind eine Drohung: „Wenn Sie reif sind, werden Sie gepflückt werden."

Wie durch die Parlamentsverhandlungen jener Zeit und durch die an den Herzog von Grafton gerichteten Briefe die Sache des Mr. Wilkes sich hindurchzieht, so kommt Junius auch in seinen weitern Briefen immer wieder auf diese frechste Verletzung des Wahlrechts zurück, die die königliche Partei sich hatte zu Schulden kommen lassen. Mit grosser Sorgfalt geht er alle Präcedenzfälle durch und kommt zu demselben Resultate, zu welchem die liberale Partei gekommen war, zu demselben Resultate, das Lord Chatham in einer glänzenden Rede gegen den Oberrichter Lord Mansfield und den durchaus dem Hofe ergebenen Dr. Blackstone, eine der ersten juristischen Autoritäten Englands, behauptet hatte [1], dass nämlich dem Unterhause

[1] Mahon, a. a. O., V, 257—260.

nicht das Recht zustehe, durch die Ausstossung eines Mitglieds dasselbe der Wählbarkeit zu berauben, da diese in dem gemeinen englischen Rechte, in dem Rechte jedes Engländers begründet sei, das zwar durch ein von beiden Häusern des Parlaments beschlossenes und vom Könige genehmigtes Gesetz, nicht aber durch die Resolution eines der beiden Häuser abgeändert oder aufgehoben werden könne — ein Satz, dessen Wahrheit das Unterhaus später selbst dadurch anerkannt hat, dass es (am 3. Mai 1782) den Beschluss, welcher Wilkes für nicht wählbar infolge seiner Ausstossung aus dem Unterhause erklärt, in seinen Protokollbüchern streichen liess, weil derselbe die Rechte der ganzen Wählerschaft Englands untergrabe.[1] Die Energie, mit der Junius auch hier seine Ansicht vertritt, die Polemik gegen die servilen Juristen, die ihre eigene bessere Ueberzeugung verriethen, um der von allen Seiten angegriffenen Regierung beizustehen — Blackstone wurde mit seinem eigenen berühmten Werke über das englische Recht geschlagen[2], und Lord Mansfield versuchte nicht einmal, sich gegen Lord Chatham zu vertheidigen — verwickelte Junius in einen Federkrieg mit Blackstone, aus welchem der grosse Jurist

---

1 MAY, Das englische Parlament, S. 55.

2 BLACKSTONE zählt in seinen Commentaries on the Laws of England, book I, ch. II, sub V, nro. 2 (10. edit., London 1787, p. 175—177), alle Gründe der passiven Wahlunfähigkeit auf und nennt unter denselben die Ausstossung aus dem Hause der Gemeinen nicht.

geschlagen sich zurückziehen musste. Auch hier bleibt Junius sich treu: Bald redet er eine stürmische, von edelm Eifer getragene Sprache, wie wenn er sagt: „Die freie Wahl unserer Repräsentanten ins Parlament schliesst die Quelle und Sicherheit jedes Rechts und jeder Freiheit der englischen Nation in sich; sie ist diese Quelle selbst. Das Ministerium hat die compendiöse Idee Caligula's verwirklicht: es weiss, dass die Freiheit und die Gesetze eines Engländers in Wahrheit nur Einen Nacken haben, und dass die Verletzung der Wahlfreiheit sie alle in ihrem Lebensnerve trifft." [1] Bald auch trifft er den Gegner mit den sichern Pfeilen seiner Ironie; so sagt er von Blackstone's Doppelzüngigkeit: „Zur Vertheidigung der Wahrheit, des Gesetzes und der Vernunft kann man des Doctors Buch getrost zu Rathe ziehen. Aber wer einen Nachbar um sein Gut zu betrügen oder ein Land seiner Rechte zu berauben wünscht, braucht sich nicht zu bedenken, den Doctor selbst um Rath zu fragen." [2]

Aber nicht blos Fragen der innern Politik und die damals so viel besprochene Frage nach dem Rechte, die amerikanischen Colonien zu besteuern, auch die äussere Politik zieht Junius in den Kreis seiner Erörterungen und legt in diesen, ruhiger und feierlicher als sonst seine Art ist, die unwürdige Schwäche,

---

1 Letter XXXIX.

2 Letter XIV.

die ungenügende Wahrung der nationalen Ehre dar, welche der König und das Ministerium in einem Streite mit Spanien über die Falklands-Inseln bewiesen[1], die ängstliche Sorge, sich irgendwo zu verpflichten, die feige Furcht vor einem Kriege. Der König könne nach allen diesen Vorgängen der auswärtigen Politik seinem Volke nichts bieten als die Gewissheit nationaler Schande, eine bewaffnete Ruhe und einen Frieden ohne Sicherheit. Und diese Schande sei auch seine Schande, wie die Ehre des Königs die des Volks sei. „Ein klarer, tadelloser Charakter begreift nicht nur die Ehrenhaftigkeit, welche keine Beleidigung zufügen, sondern auch das Selbstgefühl, welches keine erdulden will; und ob es einen Einzelnen oder eine Gesammtheit betrifft, dies ist die Grundlage des Friedens, der Unabhängigkeit und der Sicherheit. Privatcredit ist Wohlstand, öffentliche Ehre Sicherheit. Die Feder, die den königlichen Vogel ziert, hebt seinen Flug; nimm ihm sein Gefieder und er ist an die Erde gefesselt!"

Es konnte nicht wundernehmen, wenn ein Mann, dessen kühne Briefe selbst der Schrecken eines Ministeriums, ja einer ganzen Partei geworden waren, von dem Burke sagen konnte, sein Ansehen sei grösser als das beider Häuser des Parlaments, den Kreis seiner Angriffe immer erweiterte und wie ein Censor über jedem politischen Fehler, über

---

[1] Letter XLII.

jedem nichtswürdigen Menschen im Königreiche unsichtbar zu Gericht sass, um endlich den gefundenen vernichtenden Spruch im *Public Advertiser* zu verkündigen. Das Parlament stand ihm nicht zu hoch; die Angriffe auf die Willkürlichkeiten des Unterhauses, auf die freiheitsgefährliche Ausdehnung der Lehre vom Bruch des Parlamentsprivilegiums, auf den Verrath, den das Parlament an dem Rechte der Wähler geübt, kehren immer wieder: „Aus demselben Grunde, aus welchem ich mich im vorigen Jahrhundert der königlichen Prärogative widersetzt haben würde, muss ich jetzt dem Privilegium des Parlaments entgegentreten. Es gilt mir gleich, ob die Krone durch einen unmittelbaren Act neue Gesetze auferlegt und von alten entbindet, oder ob dieselbe willkürliche Gewalt dieselben Wirkungen vermittels des Unterhauses hervorbringt.“ [1] Und an anderer Stelle [2]: „Das Unterhaus findet seine Pflicht gegen die Krone ohne Zweifel erhaben über allen andern Verpflichtungen. Uns verdankt es nur seine zufällige Existenz und hat mit Recht seine Dankbarkeit von seinen Aeltern auf seine Wohlthäter übertragen, von denjenigen, die ihm das Leben gaben, auf den Minister, aus dessen Wohlwollen es die Bequemlichkeiten und die Vergnügungen seines politischen Lebens ableitet.“

---

[1] Letter XLIV.
[2] Letter XXXV.

Bald rügt Junius einzelne Vorgänge, die ihm im Zusammenhange mit der Politik des Ministeriums zu stehen scheinen, so die Befreiung eines Generals, der Schulden halber von einem Civilbeamten verhaftet worden war, durch einen Gardeoffizier und einen Haufen zusammengeraffter Soldaten.[1] Bald untersucht er den Zustand der Nation oder den Charakter eines Staatsmanns und zieht dabei stets einzelne Vorgänge aus der Verwaltung, die hinter den Coulissen sich zugetragen haben oder vom Publikum nicht richtig verstanden worden sind, ans Tageslicht: so die Belohnung des Obersten Luttrell mit dem Commando in Irland und die Abmachungen mit zwei andern Offizieren, durch welche diese glänzende Beförderung möglich gemacht worden war, in einem Briefe an Lord North.[2]

Das Publikum, oft erschreckt und oft empört über die Schonungslosigkeit der Angriffe, aber in seiner Mehrheit von der Richtigkeit der schweren Anklagen überzeugt, die Junius seinen Gegnern bald mit feurigem Ungestüm, bald mit feierlichem Pathos, bald mit leichter Ironie ins Antlitz schleuderte, ohne jemals eine schlagende Widerlegung zu erfahren — das Publikum nahm Junius' Urtheile wie die Sprüche eines verborgenen Dämons hin, der alle Missethat kennt und auch die Mächtigsten mit seinen tödlichen Pfeilen nicht verschont.

---

[1] Letter XXX, XXXI.

[2] Letter XL.

Ueberall in der Stadt wie auf dem Lande wurden die Pamphlete des „grossen Unbekannten“ mit leidenschaftlicher Neugierde gelesen, und manches vernichtende Urtheil, das Junius damals gesprochen, hat die Erinnerung an sonst gewiss längst vergessene Namen wach erhalten und das Urtheil der Masse über Werth oder Unwerth einer Persönlichkeit bis zum heutigen Tage bestimmt.

So erklärt sich die lang anhaltende Wirkung, die der von Junius an den Herzog von Bedford gerichtete Brief (vom 19. September 1769)[1] hervorgebracht hat. Der Herzog von Bedford war das Haupt einer der mächtigsten unter den alten Familienverbindungen, in welche sich die Partei der Whigs unter den ersten beiden Hannoveranern aufgelöst hatte. Sein hoher Rang, sein fürstlicher Reichthum, die Geschichte seines Hauses hatten ihm schnell zu hervorragenden Aemtern verholfen, die er infolge seiner natürlichen Trägheit und Indolenz nur nachlässig verwaltete.[2] Als Führer der Bedford-Partei konnte er aber nicht übersehen oder übergangen werden: Lord Bute hatte ihn in sein kurz dauerndes Ministerium aufgenommen und ihn 1762 als englischen Botschafter nach Paris geschickt[3], um den Frieden mit Frankreich und Spanien zu unterhandeln, durch welche England seine

---

1 Letter XXIII.
2 Mahon, a. a. O., IV, 16, 17.
3 Mahon, a. a. O., IV, 280.

während des Siebenjährigen Kriegs gemachten Eroberungen sicherzustellen und aus der Bundesgenossenschaft Friedrich's des Grossen auszutreten beabsichtigte. Obgleich die zwischen Frankreich und England (am 3. November 1762) festgestellten Friedenspräliminarien im Parlamente mit grosser Majorität angenommen worden waren, hatte sich doch die öffentliche Meinung dem heftigen und verdammenden Urtheile angeschlossen, das Pitt mit leidenschaftlichem Ungestüm über den Frieden gefällt hatte. [1] Man fand den Frieden nicht günstig genug für Englands glänzende Triumphe und behauptete, dass eine Reihe von Eroberungen, die England theils Frankreich, theils Spanien gegenüber gemacht hatte, nicht habe aufgegeben werden müssen. Ja, ein Dr. Musgrave glaubte „die Thatsache eines so ungünstigen Friedens nach einem für England so glücklichen Kriege durch eine von Frankreich geübte Bestechung Lord Bute's, Lord Holland's und der verwitweten Prinzessin von Wales, der Mutter des Königs, erklären zu müssen. [2] Auch hat ein ehrenwerther Mann, Lord Camden, die Wahrheit der von Musgrave erhobenen und vom Publikum gern geglaubten Beschuldigung, soweit sie den Lord Bute, den übereifrigen Verfechter

---

1 MAHON, a. a. O., IV, 288.

2 Lord BROUGHAM, Historical sketches of statesmen who flourished in the time of George III. (third series, new edition, London 1853), I, 171.

eines schnellen Friedensschlusses betraf[1], noch längere Zeit nachher behauptet, obgleich eine im Jahre 1770 — also nach dem Briefe des Junius an den Herzog von Bedford — niedergesetzte Commission des Parlaments nicht den geringsten Anhalt für die Anklage Musgrave's zu finden vermocht hatte. Der Herzog von Bedford war anscheinend von dem Verdachte der Bestechung gänzlich frei geblieben; dennoch haftete nach dem Sturze Bute's an ihm, als dem eigentlichen Vermittler des Friedens, die allgemeinste Misgunst. Sein Eintritt in das Ministerium Grenville hatte seine Unpopularität noch gesteigert. Wiederholt war er vom Pöbel insultirt, ja sogar einmal in seinem Hause in London von brotlosen Seidenwebern, die dem Herzog vor allem ihre traurige Lage schuld gaben, förmlich belagert worden.[2] Seit dem Rücktritte des Grenville'schen Cabinets war der Herzog zwar nicht wieder in ein Ministerium getreten; aber die Bedford-Partei spielte unter seiner fortdauernden Leitung eine einflussreiche Rolle. Auf die Bedfords vor allem stützte sich der Herzog von Grafton; mehrere Mitglieder seines Cabinets waren Anhänger des Herzogs von Bedford und auf dessen Vorschlag in das Grafton'sche Ministerium aufgenommen worden. Der frühern Minister George Grenville, den intimen politischen Freund des Herzogs von

---

[1] MAHON, a. a. O., IV, 285.
[2] MAHON, a. a. O., V, 105 fg.

Bedford und seinen frühern Amtsgenossen dagegen hatte die Bedford-Partei verlassen.[1] So war es begreiflich, wenn der alternde Staatsmann, dem man den Frieden von Paris noch immer nicht verziehen hatte und dessen Anhänger man jetzt in inniger Verbindung mit Grafton's königsfreundlichem Ministerium sah, im ungünstigsten Lichte erschien, mochten auch diejenigen, die ihn genauer kannten, seine Liebenswürdigkeit und seine Ehrenhaftigkeit im Privatleben rühmen. Im öffentlichen Leben erschien er als ein Politiker ohne Gesinnung, der schwankend zwischen den Whigs und der königlichen Partei hin- und herlavirte, durch persönliche Motive mehr als durch politische Erwägungen bestimmt. Hatte er doch dem Ministerium Chatham's (im Jahre 1766) seine Unterstützung versagt, weil er für seine Clienten eine grössere Zahl von Aemtern forderte, als Chatham zu gewähren im Stande oder willens war.[2] So konnte es denn nicht wundernehmen, wenn er die Aufmerksamkeit des unbekannten Censors der englischen Staatsmänner jener Tage auf sich lenkte: Junius zieht auch ihn vor sein Forum und schreibt ihm einen wahrhaft zermalmenden Brief, in welchem er ihm die Stellung ausmalt, die ein Herzog von Bedford einnehmen könnte und sollte, und diejenige schildert,

---

[1] Correspondence of John, fourth Duke of Bedford. With an introduction by Lord John Russel (London 1846), Introduction, III, XLIX, L.

[2] MAHON, a. a. O., V, 179.

die er wirklich einnimmt, in welchem er die angeblichen Laster des Herzogs, seine niedrige Geldgier, die sich bei den pariser Friedensunterhandlungen bis zur Bestechlichkeit gesteigert habe, seinen Geiz, seine bei einem schweren Familienunglück bewiesene Gefühllosigkeit, seine schmuzigen Lebensgewohnheiten, seine Abenteuer und Prügeleien auf den Pferderennen in so drastischer Weise an den Pranger stellt, dass ein noch jetzt lebender würdiger Nachkomme, der oft und mit begründeter Ehrfurcht genannte greise Earl of Russell, wie schon vor ihm Lord Brougham, ein intimer Freund des Bedford'schen Hauses, es für nöthig befunden hat, noch in neuester Zeit den Herzog gegen Junius' Anklagen zu vertheidigen.[1] So sehr ist es wahr, dass das Bild des Herzogs wesentlich in der vom giftigsten Hasse dictirten Schilderung, die Junius entworfen, noch heute in der Erinnerung des Volks fortlebt, und wer die bittern Beschwerden Lord John Russel's und Lord Brougham's über die anonymen Pasquillanten und die durch nichts gerechtfertigte Leichtgläubigkeit des Publikums solchen Anklägern gegenüber liest, wird sich nicht verhehlen können, dass die Bedfords sich noch immer nicht von dem zerschmetternden Schlage erholt haben, mit welchem Junius die Ehre ihres

---

[1] Lord BROUGHAM, a. a. O., Series III: John, fourth Duke of Bedford, I, 162—189. BEDFORD Correspondence. Introduction, III, LXIII fg.

Hauses getroffen. Schon damals sind mehrere für den Herzog eingetreten: Sir William Draper hat in seinem letzten Briefe an Junius [1] den Herzog vertheidigt und Junius mit vollem Rechte den Leichtsinn vorgeworfen, mit welchem er den Herzog der Annahme französischer Gelder beschuldigt. Ein M. Tullius unterzeichneter Brief [2] greift in ruhiger Weise gleichfalls die Schwäche der Beweistührung des Junius an, dass es nämlich höchst wahrscheinlich sei, aber muthmasslich niemals bewiesen werden könne, dass der Herzog von Frankreich bestochen worden sei. Weiter lobt und begründet er die privaten Tugenden des Herzogs [3] und rechtfertigt den pariser Frieden durch die äusserste finanzielle Erschöpfung der englischen Nation. Junius hat damals nicht mit derselben Siegesgewissheit wie sonst geantwortet, sondern in seinen Repliken [4] viel Klatsch aus dem Bedford'schen Hause zusammengetragen, der mit der politischen Stellung und Thätigkeit des Herzogs auch nicht das Geringste zu thun hat, aber damals, wo das Ansehen des Junius schon feststand und das Publikum mit immer gleicher Neugierde von den Geheimnissen der exclusiven Gesellschaft hörte, die Briefe des Junius über den Herzog nur noch schmackhafter

---

1 Letter XXVI.

2 Vom 8. December 1769. JUNIUS, a. a. O., I, 282 fg.

3 Unter ihnen in charakteristisch englischer Weise seinen regelmässigen Kirchenbesuch.

4 Letter XXVII, XXVIII, XXIX.

für den skandalsüchtigen Theil der Lesewelt gemacht haben mag. Jedenfalls hatte Junius keinen Grund, seinen Feldzug gegen den Herzog von Bedford für verloren zu halten. Er hatte sich wol neue Feinde gemacht; aber als furchtbar war er auch diesen erschienen, und mancher unter den leitenden Staatsmännern mochte sich fürchten, dass nun auch an ihn die Reihe kommen werde, von Junius censirt oder gerichtet zu werden.

Aber Junius ist zu stolz, zu siegesbewusst, um sich nur mit der Vernichtung der Staatsmänner des Reichs zu begnügen. Er weiss, dass die unglückliche Regierungsweise, welche er angreift, „in dem reinsten aller Herzen“, in dem des Königs entstanden ist, und selbst dieser stand ihm nicht zu hoch, um endlich auch ihn in die öffentliche Arena zu fordern. Am 19. December 1769 [1] schreibt Junius dem Drucker des *Public Advertiser* mit Bezug auf die wachsenden Klagen des Volks und die steigende Ungerechtigkeit des Ministeriums: „Nehmen wir an, der Augenblick sei gekommen, in welchem Schmeichelei und Falschheit nicht länger betrügen und selbst die Einfalt nicht länger misleitet werden kann. Nehmen wir auch einen gnädigen, wohlwollenden Fürsten an, und fragen wir uns, wie ein ehrenwerther Mann, wenn ein solcher sich dem Könige nähern dürfte, zu diesem sprechen müsste. Unbekannt mit dem eiteln Ueberflusse der Formen

---

[1] Letter XXXV.

würde er seine Gedanken mit Würde und Festigkeit, aber nicht ohne Rücksicht aussprechen.“ Und nun folgt eine Adresse an den König, in welcher Junius hält, was er versprochen. Sie gemahnt uns bald an die Sprache eines Marquis Posa, bald an die Worte, welche Goethe Egmont in den Mund legt, als er vor Alba steht, bald auch klingt sie wie die ruhige, leidenschaftslose Sprache eines Richters, der parteilos wie die Geschichte über einem misleiteten Fürsten zu Gericht sitzt. Sie muss als das edelste Schriftstück unter allen Briefen des Junius bezeichnet werden. Junius verliert seine Mässigung nie, so hart auch der Tadel ist, den er über die Regierung des Königs ausspricht. Die ganze innere Politik, die Stellung, welche der König den amerikanischen Colonien gegenüber eingenommen, die Schwäche und Feigheit der äussern Politik, die niedrigen Menschen, mit denen sich der König umgeben, die bis zur Erbitterung gesteigerte Entfremdung des Volks — alles wird in derselben feierlich getragenen Sprache dem Könige vorgeführt, nichts verschwiegen oder beschönigt, nichts aber heftig oder ironisch gesagt. „Sie haben noch eine sehr ehrenwerthe Rolle zu spielen. Die Liebe Ihrer Unterthanen kann noch wiedererobert werden. Aber ehe Sie ihre Herzen unterwerfen, müssen Sie einen edeln Sieg über Ihr eigenes feiern. Treten Sie zu Ihrem Volke heraus. Legen Sie die kläglichen Formalitäten eines Königs beiseite und sprechen Sie mit dem Muthe des Mannes und in der Sprache der gebildeten Welt. Sagen Sie ihm, dass Sie auf das verderblichste betrogen worden sind. Sagen Sie ihm, Sie wären entschlossen, jede Ursache zur Klage gegen Ihre Regierung zu entfernen, Sie würden Ihr Vertrauen niemand schenken, der nicht das Vertrauen Ihres Volks besitzt.“ Ernst und würdig ist auch der Schluss, wenngleich er wie der fernhallende Donner einer aufziehenden Revolution klingt: „Das Volk von England ist dem Hause Hannover treu aus der Ueberzeugung, dass die Thronbesteigung dieser Familie nöthig war, um seine bürgerlichen und religiösen Freiheiten zu erhalten. Dies, Sire, ist ein Princip der Treue, welches ebenso wol begründet als vernünftig ist. Durch den Namensunterschied der neuen und der alten Dynastie können wir uns nicht täuschen lassen: der blosse Name der Stuarts ist nur verächtlich; bewaffnet mit der Autorität des Souveräns sind ihre Principien furchtbar. Der Fürst, welcher ihr Betragen nachahmt, sollte durch ihr Beispiel gewarnt werden, und während er sich mit der Sicherheit seines Anspruchs auf die Krone brüstet, sollte er sich erinnern: wie sie durch eine Revolution gewonnen wurde, so kann sie durch eine andere verloren gehen.“

Das Aufsehen, das dieser Brief machte, war ein ungeheueres: nicht blos der Inhalt der Adresse, die Wucht der Worte war es vor allem, welche England erschütterte. Burke erklärte im Parlament: „Als ich die Adresse an den König las, erstarrte mir das Blut in den Adern." Bisher hatte keiner der von Junius Angegriffenen einen Process gegen ihn angestrengt, weil man nach dem Vorgange der Streitigkeiten mit Wilkes von der Erfolglosigkeit einer criminellen Verfolgung überzeugt war. Auch hatten alle Nachforschungen der Regierung das Geheimniss, wer denn eigentlich Junius sei, nicht zu enthüllen vermocht. Jetzt aber, wo die furchtbare Maske in das Cabinet des Königs getreten und ihm mit der Kraft eines alttestamentlichen Propheten ein Bild seiner Sünden vorgehalten hatte, jetzt glaubte die Regierung nicht länger zögern zu dürfen, um, wie Burke es ausdrückte, den mächtigen Eber zu fangen, der durch alle Netze brach. Freilich, Burke glaubte nicht, dass man ihn greifen würde. „Keine Anstrengung der Regierung hat seine Entdeckung bewirkt, und während man noch über die Wunden klagt, die er dem einen geschlagen, hat er einen andern bereits todt zu seinen Füssen gestreckt."

Das Ministerium hielt sich deshalb an den Drucker der Briefe, Mr. Woodfall, und Lord Mansfield stellte ihn am 13. Juni 1770 vor die Geschworenen.[1] Wie schon früher in dem Processe gegen die Drucker des *North Briton* suchte Lord Mansfield auch diesmal die Scheidung der That- und

---

[1] Vgl. JUNIUS, a. a. O. Appendix, I, 471—473. Lord BROUGHAM, a. a. O. Lord Mansfield, first series (London 1853), I, 124 fg. MAY, Verfassungsgeschichte Englands, II, 93.

der Rechtsfrage durchzusetzen, den Geschworenen lediglich die Entscheidung über den Druck und die Veröffentlichung der Adresse des Junius, den Richtern dagegen den Spruch darüber zuzuweisen, ob die Adresse an den König Schmähungen enthalte, also eine strafwürdige Schmähschrift sei. So hoffte der Präsident des obersten Reichsgerichts den Geschworenen die Hände zu binden; diese aber versuchten in ihrem Wahrspruche den Richtern die Möglichkeit einer Bestrafung Woodfall's wegen des Verbrechens der Schmähschrift abzuschneiden und erklärten Woodfall für schuldig nur des Drucks und der Veröffentlichung. So weit es in der Macht der Geschworenen stand, thaten diese sonach alles, um einer Verwendung ihres Spruchs zur Bestrafung Woodfall's wegen Libells einen Riegel vorzuschieben. Zwar wurde das Verdict der Jury von seiten der Krone angefochten, weil es unklar sei, und behauptet, es müsse als einfaches Schuldig aufgefasst werden. Der Gerichtshof erkannte wenigstens die Unbestimmtheit des Wahrspruchs an und forderte eine wiederholte Verhandlung. Aber eine solche hat nicht stattgefunden, und die Krone musste sich mit einer leichten Bestrafung Woodfall's zufrieden geben.

Es war das erste mal, dass Junius wenigstens mittelbar durch die Regierung getroffen wurde, als man seinen muthigen Verleger zu kurzer Haft ins Gefängniss führte, und eine ungemessene Wuth bemächtigte sich seiner. Er stürzte sich auf den

Lord Oberrichter wie ein Löwe, der in seiner Höhle aufgestört worden ist: „Unsere Sprache hat keinen Ausdruck des Vorwurfs, das Gemüth hat keine Vorstellung des Abscheus, welche nicht schon auf Sie angewandt worden.“ Junius will sich deshalb auf die bescheidene Arbeit beschränken, die zerstreuten Süssigkeiten zu sammeln, bis sie mit vereinter Kraft die Sinne peinigen. Und diesem Vorsatze gemäss trägt er in den beiden Briefen, die er am 14. November 1770 und am 21. Januar 1772[1] an Lord Mansfield geschrieben hat, mit grösster Sorgfalt alle Verstösse des Oberrichters gegen die Gesetze, die er sich insbesondere in den vielen von ihm angestifteten Libellprocessen hatte zu Schulden kommen lassen, alle die Thatsachen und Zeugnisse zusammen, welche den rechtsverrätherischen Sinn des obersten englischen Justizbeamten beweisen sollen, seine Nichtachtung der ältern Praxis und seine Vorliebe für ein fremdes, mit der edeln Einfachheit und dem freien Geiste der sächsischen Gesetze unverträgliches Recht und Gerichtsverfahren (d. i. das römische Recht und den Inquisitionsprocess). Beide Briefe sind ausführlicher und bewegen sich mehr als die frühern in streng sachlichen Erörterungen. Besonders der zweite verdient geradezu den Namen einer juristischen Abhandlung über das Recht der Verhafteten, gegen Bürgschaft entlassen zu werden,

---

[1] Letter XLI, LXVIII.

von welchem Lord Mansfield nach Junius' Meinung einen ungesetzlichen Gebrauch gemacht hatte.

Junius ist sich bewusst, dass seine Anklagen gegen den Lord Oberrichter begründet sind. Nach dem gegen Woodfall eingeleiteten Processe hatte Lord Chatham im Oberhause das Verfahren Mansfield's, die Lehren, die er den Geschworenen über ihre Befugnisse vorgetragen, auf das heftigste bekämpft. In einer spätern Sitzung hatte Lord Mansfield einen vollständig mislungenen Versuch gemacht, seine Theorie zu rechtfertigen, und sich hierdurch einen neuen Gegner geschaffen, den frühern Lordkanzler Lord Camden, dessen edler Charakter wieder frei hervortrat, seitdem er aus der schimpflichen Genossenschaft eines Grafton und Mansfield geschieden. Lord Camden legte am 11. December 1770 dem Oberrichter sechs Fragen vor, in denen er die Lehren Lord Mansfield's in knappster und schärfster Weise formulirt hatte, und forderte eine rundweg bejahende oder verneinende Antwort. Lord Mansfield aber zog sich feige zurück und lehnte die Beantwortung ab, da die gestellten Fragen nicht zu förmlicher Discussion gestellt seien. Junius schrieb also seine Briefe an Lord Mansfield im vollen Bewusstsein, eine populäre und zugleich gerechte Sache zu vertheidigen, einen sophistischen und servilen Richter anzugreifen, und dieses Gefühl gibt den Briefen eine imponirende Sicherheit der Sprache und dem endlich mit kalter Ruhe ausgesprochenen Ergebnisse ihrer

Erörterungen ein mächtiges Gewicht: Junius erklärt den Earl of Mansfield für den schlechtesten und gefährlichsten Menschen im Königreich, fordert eine Untersuchung durch das Parlament und die Anklage des verrätherischen Richters. Endlich wendet er sich an den edeln Lord Camden mit der Bitte, er möge die Anklage Mansfield's betreiben: „Ich fordere Sie auf im Namen der englischen Nation, zur Vertheidigung unserer Gesetze hervorzutreten. Ich habe meine Pflicht in dem Bemühen, Lord Mansfield zur Strafe zu ziehen, erfüllt. Aber mein Geschäft im Tempel der Gerechtigkeit ist das untergeordnete eines Dieners. Ich habe das Opfer gebunden und zum Altare geschleift.“ [1]

Seit diesem Briefe, der zugleich mit dem letzten an Lord Mansfield geschriebenen Briefe am 21. Januar 1772 erschien, hat Junius keinen weitern Brief veröffentlicht. Junius hat noch eine Ausgabe seiner Briefe veranstaltet und mit einer Widmung an das englische Volk versehen, in welcher er demselben seinen Dank und gewissermassen sein Vermächtniss ausspricht: „Ich widme Euch diese Sammlung von Briefen. Sie wurden von einem aus eurer Mitte zum allgemeinen Besten für uns alle geschrieben. Ohne euern fortwährenden Antrieb und Beifall wären sie nie zur Vollendung gediehen. Von mir haben sie ursprünglich nichts als ein gesundes lebhaftes Naturell. Wenn einst Könige

---

[1] Letter LXIX.

und Minister vergessen sind, wenn die Kraft und Richtung persönlicher Satire nicht mehr verstanden wird, und die angegriffenen Massnahmen nur noch in ihren entferntesten Folgen fühlbar sind, wird man, hoffe ich, in diesem Buche noch immer Principien finden, die werth sind, auf die Nachwelt überzugehen. — Lasst es in euere Seelen geschrieben sein, lasst es euere Kinder sich einprägen, dass die Freiheit der Presse das Palladium aller bürgerlichen, politischen und religiösen Rechte des Engländers ist, und dass das Recht der Geschworenen, in allen gleichviel wie gearteten Fällen Schuld oder Unschuld durch ihren Spruch zu entscheiden, ein wesentlicher Theil euerer Verfassung ist, der durch die Richter nicht controlirt oder beschränkt, noch durch die Gesetzgeber in irgendeiner Art in Frage gestellt werden darf. Bleibt Junius am Leben, so sollt ihr oft an euere Gefahr, an euere Verfassung, an die Mittel, sie zu erhalten, erinnert werden."

Auch hat Junius noch dem letzten an Lord Camden gerichteten Brief eine Erklärung über die Nothwendigkeit drei- statt siebenjähriger Parlamente — eine Reform, die er auch in der Widmung seiner Briefe an die englische Nation besonders hervorhebt — beigefügt und dieselbe mit den Worten geschlossen: „Ich bin dankbar gegen das gütige Wesen, welches mir diesen denkenden Geist gegeben hat, und halte mich für seinen Schuldner, weil von seinem erleuchteten Verstande ein Strahl der Erkenntniss in den meinigen dringt. Aber weder die grössten Kräfte des menschlichen Geistes würde ich für eine Gabe halten, die der Gottheit würdig wäre, noch irgendein Mittel zu ihrer Ausbildung für einen Gegenstand der Dankbarkeit gegen meine Mitmenschen, wenn ich nicht die Genugthuung hätte, dass eine wirkliche Aufklärung des Verstandes das Herz verbessert und erweitert."

Die von Junius geschriebene Vorrede zu der von ihm noch zu Beginn des Jahres 1772 veranstalteten Sammlung seiner Briefe ist das letzte Lebenszeichen, das er seinem Volke gegeben hat. Er hat sich von seinem Verleger Woodfall an Stelle eines Honorars ein kostbar gebundenes und zwei cartonnirte Exemplare der Briefe ausgebeten und demselben nach langer Pause noch am 19. Januar 1773 einen kurzen Brief geschrieben, in welchem er dem treuen Verleger, der in seiner Zeitung die nur Junius verständliche Aufforderung, in seiner Correspondenz fortzufahren, hatte drucken lassen, sagt, er habe diese Aufforderung wohl bemerkt, werde ihr aber nicht nachkommen: „Ich gebe meine Sache und das Publikum auf; nicht zehn Männer können sich über eine Frage mehr einigen und sie standhaft vertreten. Alles ist gleich feil und verächtlich. Sie aber haben sich niemals gebeugt, und ich werde mich immer freuen, wenn ich von Ihrem Wohlergehen höre."

Dies sind die einfachen bittern Abschiedsworte des Junius, die letzten, die er überhaupt geschrieben. Weder Woodfall noch sonst jemand hat wieder etwas von Junius gehört. Er hat Wort gehalten, wenn er dem englischen Volke sagte: „Ich bin der einzige Vertraute meines Geheimnisses und es soll mit mir begraben werden.“

IV.

Die politischen Lehren des Junius.

Junius ist nach seinem Verschwinden nicht vergessen worden, und noch weniger sind seine Lehren dem englischen Volke verloren gegangen. So scharf seine politische Polemik, so leidenschaftlich seine Angriffe gegen die herrschenden Personen gewesen, die Lehren, die er vertheidigt hatte, konnte die englische Nation wohl beherzigen, ohne den ruhigen Gang ihrer politischen Entwickelung, ohne den Bau ihrer Verfassung auch nur im kleinsten Theile zu gefährden. Die Rücksichtslosigkeit und Heftigkeit, mit der Junius seine und des Volkes Gegner angriff, hat ihm den Anschein gegeben, als sei er ein Revolutionär. Denn conservative Politiker hatten noch niemals diese Sprache gegen eine Regierung geführt, die, so sehr sie auch auf den Umsturz der bestehenden Verfassung ausging, doch in ihrem Thun sich gerade auf die ihrer Natur und Geschichte nach conservativen Elemente der Gesellschaft stützte. So glaubte man denn und glaubt man vielfach noch heute, Junius sei ein Revolutionär gewesen, als ob nicht auch ein Vertheidiger des Alten und Hergebrachten die rücksichtslose Sprache des Zorns gegen einen Fürsten anschlagen könnte, als ob jeder ein Revolutionär sein müsse, der sich den Grossen dieser Erde anders als mit Verbeugungen nahe, als ob nur ein republikanisches Glaubensbekenntniss den Muth gebe, die gerechte Empörung über politische Nichtswürdigkeiten mit schonungsloser Offenheit auszusprechen. Man hat sich durch die Form der Briefe des Junius so blenden oder so erschrecken lassen, dass man ihren Inhalt nicht erkannte. Die continentalen Demokraten unsers Jahrhunderts erfreuten sich an der genialen Grobheit des gewaltigen Pamphletisten gegen die stolzen Herzoge Englands; die dröhnende Sprache, mit welcher Junius zu einem Oberrichter, zum Könige selber sprach, klang ihnen wie der donnernde Lärm eines Volksauflaufs, und ohne sich um das Gesagte zu kümmern, erklärten sie auf Grund der Art, wie es gesagt wurde, Junius für einen demokratischen Revolutionär.

Dieser ungeheuere Irrthum ist nicht genug zu bekämpfen: Junius hat nicht an einer einzigen Verfassungsinstitution gerüttelt, im ganzen und grossen nur denjenigen Zustand der Regierung vertheidigt, der seit dem Sturze der Stuarts oder doch seit dem Tode Wilhelm's III. in England bestand, und lediglich zur Befestigung dieses Zustandes eine geringe Correctur der Verfassung gefordert. Daher erklärt es sich, dass man nach dem von der Demokratie des Festlandes angefachten Feuer des Enthusiasmus für Junius' Freiheitsliebe und republikanische Gesinnung sich auf der conservativen Seite darin gefallen konnte, auf den Mangel politischer Theorien in den Briefen hinzuweisen. Denn in der That: selbständige politische Lehren finden sich in den Briefen des Junius nicht. Aber der Grund dieses Mangels ist sicherlich nicht die Ideenarmuth des Verfassers, sondern der Umstand, dass Junius nicht die Einführung neuer, sondern die Aufrechthaltung alter Institutionen fordert. Als Junius schrieb, war seit 80 Jahren die monarchische Gewalt gelähmt; ein fester Zustand, welcher dem Parlamente die oberste und selbst für die Auswahl der leitenden Minister ausschlaggebende Autorität zuwies, war aus den Kämpfen unter den Stuarts hervorgegangen und hatte sich in dem Rechtsbewusstsein des englischen Volks das Ansehen des rechtmässigen Zustandes erworben. Als Junius gegen die von Georg III. ausgehenden Verletzungen dieses Zustandes auftrat, hatte er seine Angriffe nicht anders zu begründen, als durch den Nachweis, dass das überlieferte Recht den Bestrebungen des Königs entgegenstehe, dass in so und so vielen Fällen im Einklange mit seinen Ansichten, niemals aber in Uebereinstimmung mit dem Könige entschieden worden sei. Junius vertheidigte seine Ansprüche durch die Berufung auf das positive Recht und die innere Vernünftigkeit desselben, und so haben bisher an allen Orten und zu allen

Zeiten conservative Schriftsteller im richtigen Sinne dieses Worts ihre Meinungen vertreten. Die Nothwendigkeit einer Berufung auf die Philosophie, die die Vorkämpfer freisinniger Ideen im Kampfe mit einem überlieferten und nach der geltenden Verfassung nicht rechtswidrigen Despotismus zur Aufstellung umfassender politischer Theorien zwang, trat an Junius gar nicht heran. Ihm lieferten die Geschichte und die Urtheilssprüche der Gerichte hinreichendes Material zu dem Nachweise, dass seine Forderungen berechtigt seien. Junius brauchte in die Erörterung der Vorfrage, ob diese oder jene Verfassung die bessere sei, gar nicht einzutreten, weil die Verfassung, die er für die bessere hielt, auch die geltende war; nur diese Geltung also hatte er zu beweisen, um seine Gegner zu schlagen.

Wohl klingt in seinen Briefen wiederholt die Drohung durch, Georg III. könne seinen Thron verlieren, wie es die Stuarts gethan. Aber einmal wird diese Drohung nicht begründet durch die Forderung einer neuen Verfassung, sondern durch die Forderung einer der alten Verfassung conformen Regierung. Dann ist auch die Verfassung Englands älter als die Herrschaft der hannöverischen Dynastie in England; ja diese Dynastie ist nur infolge einer Revolution durch ein Staatsgesetz auf den englischen Thron gehoben worden, und noch Georg III. hat das quälende Bewusstsein, nicht eigentlich ein legitimer Herrscher zu sein, nie vollständig verloren. So war es denn in Wahrheit nur eine Erinnerung an einen historischen Vorgang der jüngsten Vergangenheit, wenn Junius dem Könige zurief, er möge bedenken, dass, wie sein Thron durch eine Revolution gewonnen worden, er auch durch eine Revolution wieder verloren gehen könne. Die Institutionen, für deren unerschütterten Fortbestand Junius kämpft, das Parlament, die Geschworenengerichte waren die uralten legitimen Grundlagen des englischen Staatswesens. Die neue Dynastie konnte sich dagegen für die von ihr erhobenen Ansprüche nur, wie einstmals die Stuarts gethan, auf einen durch die abstracte Idee der königlichen Würde bestimmten Machtumfang der königlichen Befugnisse, nicht auf die Verfassung berufen, kraft deren sie den Thron innehatte.

Auch geht aus allen Angriffen des Junius gegen Georg III. eben nur hervor, dass er diesen König als ungeeignet zu einer Regierung, wie England sie zu fordern berechtigt sei, ansieht, und dass er wiederum diese Ueberzeugung nur ableitet aus der hartnäckig fortgesetzten Misregierung und der schlechten Erziehung des Königs, aus den nichtswürdigen Menschen, denen die königliche Gnade vorzugsweise zutheil werde, obgleich die Frivolität ihrer Sitten im schreiendsten Gegensatze zu der strengen Sittenreinheit des Königs stehe. Ein Widerspruch gegen die Existenz der königlichen Würde, gegen die Macht, welche die glorreiche Revolution dem Könige gelassen, findet sich nirgends.

Und nicht blos das Königthum in der allerdings beschränkten Bedeutung, die es nach dem Sturze der Stuarts und dem Tode eines grossen gekrönten Staatsmannes, Wilhelm's III., zu behaupten vermocht hatte, auch die alte aristokratische Gestaltung der englischen Gesellschaft hat Junius niemals angegriffen. Zwar ist die Zahl der von ihm verfolgten Edelleute eine sehr grosse gewesen; aber so vernichtend auch die Schläge sind, die er gegen den Herzog von Grafton, den Earl of Mansfield, den Herzog von Bedford, den Marquis of Granby führt, es würde sehr schwer sein, auch nur die leiseste Andeutung eines Hasses gegen den englischen Adel und dessen damals noch ungebrochene Herrschaft in seinen Briefen zu finden. Wol wirft Junius den einzelnen Lords, an die er seine Briefe richtet, Fehler und Laster vor, die überall und zu allen Zeiten die Fehler und Laster einer adelichen Oligarchie gewesen sind. Aber nirgends findet sich ein Zusammenwerfen der Begriffe von Aristokratie und Oligarchie, und so heftig er diese letztere bekämpft, so rücksichtslos seine Angriffe gegen die Tories sind, die eigentlichen Träger der Idee einer auf die Monarchie gestützten Adelsregierung, an dem aristokratischen Charakter der englischen Gesellschaft und der Führung der Regierung durch die Aristokratie hat er nicht ein einziges mal gerüttelt. Wie schön malt er die Stellung aus, die der Herzog von Bedford als einer der ersten Edelleute des Landes einnehmen könnte und sollte! Ja die Klage des Lord Grosvenor gegen den Herzog von Cumberland wegen verbrecherischen Umgangs mit seiner Gemahlin und die bei dieser Gelegenheit vom Lord Oberrichter Mansfield den Geschworenen gegenüber aufgestellte Behauptung, sie dürften einem Pair des Königreichs keine grössere Entschädigung zusprechen als dem gegeringsten Handarbeiter, reisst Junius zu den heftigen Worten hin: „Unter einem willkürlichen Regimente werden alle Stände und Unterschiede untereinander gemischt. Die Ehre eines Edelmanns wird nicht höher geachtet als der Ruf eines Bauern, weil sie, obschon in verschiedenen Livreen, doch beide Sklaven sind."

Die Erkenntniss von der Schädlichkeit der *rotten boroughs* theilt Junius zwar, aber den Vorschlag, sie durch Aufhebung ihres Wahlrechts unschädlich zu machen, misbilligt er auf das entschiedenste: das Parlament dürfe den *boroughs* ihr Recht nicht nehmen; die Berufung auf die Nothwendigkeit, die Verfassung zu verbessern, reiche nicht aus, um einen solchen Eingriff in die Rechte der Wahlkörperschaften, eine so offenbare Beraubung zu rechtfertigen: der souveräne Gesetzgeber dürfe nicht zum willkürlichen Gesetzgeber werden. Alle die Uebelstände, welche die *rotten boroughs* nach sich zogen, hat Junius leidenschaftlich bekämpft; den sichersten Stützpunkt der Herrschaft des Adels, das eigentliche Gebiet des unmittelbaren königlichen Einflusses hat Junius aus Achtung vor dem bestehenden Rechte der Wähler unangetastet gelassen, ja sogar vertheidigt, als er deshalb angegriffen worden.

Vielleicht in noch höherm Grade als durch die Vertheidigung der *rotten boroughs* setzte Junius sein Ansehen aufs Spiel, als er ein anderes Institut vertrat, das die von den Engländern so hoch gehaltene und auch gerade von ihm so leidenschaftlich vertheidigte persönliche Freiheit unmittelbar beeinträchtigte: die Matrosenpresse. — Das bis dahin und noch lange nach Junius geübte Recht der Regierung, die Matrosen der Handelsmarine in Kriegszeiten zwangsweise für den Dienst auf den Kriegsschiffen auszuheben, wird von Junius unter dem einfachen Hinweis auf das Bedürfniss des Staats vertheidigt, obgleich er deshalb heftig angegriffen wurde, obgleich er selbst nicht verkannte, dass diese vom Staate gestattete, in rohester formlosester Art ausgeübte Ergänzung der königlichen Marine eine Verletzung der persönlichen Freiheit sei.

Endlich ist Junius in der damals brennenden Tagesfrage, ob England das Recht habe, die amerikanischen Colonien zu besteuern, auf die Seite derjenigen getreten, die dem Mutterlande dieses für die Verbindung Amerikas und Englands so verhängnissvolle Recht zusprachen, obgleich dem grossen Vorkämpfer der englischen Freiheit das Gewicht der Argumente keineswegs entging, die Pitt und Camden in glänzender Ausführung vorgebracht hatten, dass nämlich eine Besteuerung nur denen gegenüber gestattet sein könne, welche an der Volksvertretung und damit auch an der Bewilligung der Steuern theil hätten. Aber Junius folgt, so sehr er auch gegen die Ausübung des von England beanspruchten Besteuerungsrechts eifert, in dieser Sache wie in derjenigen der *rotten boroughs* durchaus der eigenen staatsrechtlichen Ueberzeugung, die nicht allein mit derjenigen des von ihm hochgeschätzten George Grenville, sondern auch mit derjenigen des Königs, Mansfield's, Bute's übereinstimmte, unbekümmert um die öffentliche Stimmung, um die von ihm so tief gehassten Männer, deren Meinungsgenosse er durch seine Stellung zu der amerikanischen Frage geworden.

Darf ein Mann, der sich seine Meinung so unabhängig bildet, schlechthin ein Parteimann genannt werden? Und lässt sich ein demokratischer Republikaner denken, der so kalt und gleichgültig an der emphatischen Berufung Pitt's und Camden's auf das natürliche Recht vorbeigeht?

Junius ist nicht einmal für eine Erweiterung der Befugnisse des Parlaments eingetreten, und das hätten seine Gegner auf der äussersten Rechten wie seine Anhänger auf der äussersten Linken am wenigsten übersehen dürfen. Das Parlament seiner Zeit bestand zum grossen Theile aus Bestechenden und Bestochenen; dem Golde, den Pairien und Aemtern, die der König mit vollen Händen ausgetheilt, hatten Lords und Gemeine nur geringen Widerstand entgegengesetzt. Mit erschreckender Schnelligkeit wuchs die Corruption — im Parlamente; mit erschreckender Gleichmässigkeit beherrschte sie die Wahlkörper ausserhalb des Parlaments. Dass die gewaltigen Befugnisse, welche die englische Verfassung dem Parlamente gab, dass das erhabene Recht, die Volksvertreter zu wählen, das den Wahlkörperschaften zustand, in so corrumpirten und bestechlichen Händen nicht ausreichten, um die Freiheiten des Landes zu vertheidigen, hat Junius wohl erkannt. Die Waffe, mit welcher das englische Volk einst die Stuarts geschlagen, war stumpf geworden und liess sich gegen den König nur noch in unvollkommener Weise gebrauchen. Desto plumper und schlimmer war ihr Gebrauch dem Volke gegenüber, das seine Vertreter mehr und mehr in das breite Fahrwasser der königlichen Gunst einlenken sah. Die Polemik der Presse gegen die Haltung des Parlaments war endlich das einzige Angriffsobject für die corrumpirte Mehrheit geworden. Die Lehre von den Parlamentsprivilegien wurde aufs äusserste angespannt, um kühne Schriftsteller und Redner, die die geheiligte Majestät des Parlaments misachteten, zu verfolgen und zu strafen. Die gewaltige Institution, mit welcher die Geschichte das englische Volk zur Vertheidigung seiner Freiheit beschenkt hatte, versagte beinahe vollständig ihren Dienst. Aus dem Parlamente wuchs eine Tyrannei der Mehrheit heraus, die, wenn sie auch nur mittelbar den königlichen Ansprüchen diente, doch wie diese zu dem Ruine der Freiheit in England zu führen drohte. Das aber hat niemand klarer als Junius erkannt: weit entfernt, der Gesetzgebung Omnipotenz zuzugestehen, erklärt Junius sie für beschränkt durch die Formen und Principien der Verfassung; das Belieben der Lords und Gemeinen dürfe ebenso wenig wie dasjenige des Königs den Inhalt der Gesetzgebung bestimmen: es dürfe nicht der Willkür von 700 Personen überlassen werden, ob sieben Millionen ihresgleichen freie Männer oder Sklaven sein sollen.

Die Furcht vor dieser Willkür ist denn auch der Grund einer von Junius vorgeschlagenen Aenderung der Parlamentsverfassung: er fordert — und das ist der einzige Reformvorschlag des gewaltigen Schriftstellers — dreijährige statt siebenjähriger Parlamente, um den Stimmen der Wähler und damit der öffentlichen Meinung wiederum einen bestimmenden Einfluss auf die Zusammensetzung und die Beschlüsse des Unterhauses zu gewähren. Und auch dieser Vorschlag ist keineswegs eine Neuerung; vielmehr knüpft derselbe nur an die *Triennial Act* Wilhelm's III. an, welche die Dauer der Parlamente auf drei Jahre festgesetzt hatte, bis unter Georg I. die siebenjährigen statt der dreijährigen Parlamente eingeführt wurden. So sucht Junius denn auch hier in der Geschichte der englischen Verfassung und noch dazu in der jüngsten Periode derselben das Mittel, durch welches er ein innigeres Zusammenwirken von Parlament und Volk herzustellen hofft, und dieser bescheidene Vorschlag umfasst sämmtliche Aenderungen und Reformen, die Junius beim englischen Volke beantragt.

Nur zwei Institute der englischen Verfassung hatten während der Kämpfe unter Georg III. niemals versagt: die freie Presse und die Geschworenengerichte. Und für diese beiden ist Junius immer wieder und so insbesondere noch in der den Briefen vorangeschickten Widmung an das englische Volk mit Begeisterung eingetreten. Neue Garantien zum Schutze der Pressfreiheit hat er aber nicht gefordert. Er begnügt sich auch hier mit den vorhandenen Institutionen, und seine Forderung geht nur auf unverbrüchliche Bewahrung derselben.

Das sind in Kürze die politischen Lehren des Junius. Sie sind in der That keine politische Theorie; sie fordern ebenso wenig überraschende Neuerungen. Aber Junius hat auch kein neues Staatsrecht schaffen wollen. Er trat in die Mitte eines heftigen Kampfes als ein Tagesschriftsteller ein, der für den Tag und ursprünglich nur für diesen schrieb. Mit der unerschütterlichen Ueberzeugung von dem guten Rechte der englischen Nation, mit der klaren Einsicht in die Gefährlichkeit des Königs und seines Parlaments, mit der gesunden Leidenschaft des Hasses gegen alles Schlechte ist er auf dem Kampfplatze erschienen, hat eine Tagesfrage nach der andern siegreich erörtert und überall nachzuweisen gesucht, dass er die positive Verfassung und nichts weiter vertheidige. „Ein edles Volk“, sagt er, „ist schon für die Erhaltung seiner Rechte dankbar.“

Damit wird Junius' Bedeutung nicht verringert, sondern nur die Möglichkeit ihrer gerechtesten Würdigung gewonnen. Manche seiner Ansichten sind von der spätern Politik verworfen worden: die *rotten boroughs* haben ihr Wahlrecht verloren, die Matrosenpresse ist unmöglich geworden. Das moderne England ist liberaler geworden, als Junius war, und hat nur in Einer Frage conservativer als Junius entschieden: das Parlament wird auch jetzt noch erst in siebenjährigen Fristen erneuert. Die Frage nach dem Recht, die Colonien im Interesse Englands zu besteuern, ist durch die Losreissung Amerikas vom Mutterlande wenigstens für einen Theil der englischen Colonien abgeschnitten, für die aussereuropäischen Besitzungen des gegenwärtigen grossbritannischen Reichs aber durch eine total veränderte Handels- und Regierungspolitik zu Ungunsten der von Junius vertretenen Meinung beantwortet worden. In diesen einzelnen Ansichten kann sonach nicht die bleibende Bedeutung des Junius gefunden werden. Und doch ist ihm eine solche zuzusprechen: sie liegt in dem ungeheuern Gewichte, mit dem er die öffentliche Meinung dem Königthum und dem Parlament gegenüber ausgestattet, in dem Hinweis auf die Nothwendigkeit, die in Familiencoterien zerfallene Partei der Whigs wieder auf eine freisinnige ideelle Grundlage zu stellen, in dem Ansehen, das er der Presse gegeben, in dem bestimmenden Einfluss, den er auf die spätere Pressgesetzgebung geübt: die Libellacte von 1792 ist in Wahrheit nichts anderes als die gesetzliche Anerkennung der von Junius aufgestellten Forderung, es müsse auch in den Pressprocessen der Jury der Wahrspruch über die ganze Schuldfrage überlassen werden, also nicht blos über die Autorschaft, den Druck und die Publication, wie Lord Mansfield wollte, sondern auch über die Frage, ob die incriminirte Schrift wirklich eine Schmähschrift sei. Noch heutzutage ist in den Berathungszimmern der englischen Geschworenen folgende Instruction angeschlagen: „Bei Beurtheilung von Anklagen über Schmähschriften, Aufruhr und Hochverrath darf die Jury sich nicht durch den Einfluss der eben herrschenden Verwaltung einnehmen lassen; sie muss sich erinnern, dass gerade in solchen Fällen die Schwurgerichte das Bollwerk der öffentlichen Freiheit und die Schutzwehr schwacher Einzelner gegen eine concentrirte Gewalt sind. Bei Anklagen wegen Schmähschriften müssen die Geschworenen vor Augen haben, dass die Freiheit der Presse eine wesentliche Grundlage jeder freien Verfassung ist; dass das Libellgesetz nur sie zu unabhängigen Richtern über die Absicht des Angeklagten eingesetzt hat, und dass es daher nur ihnen zukommt, über Schuld oder Nichtschuld der Parteien zu urtheilen."[1] Klingt das nicht, als wäre es unmittelbar aus Junius' Widmung seiner Briefe an die englische Nation genommen?

---

[1] Glaser, Das englisch-schottische Strafverfahren (Wien 1850), S. 138.

Wol verletzt uns häufig die Art, wie Junius seine Gegner bekämpft. Ihr Privatleben ist ihm ebenso wenig heilig wie ihr politisches Treiben. Jeder angebliche Feind der Verfassung wird von ihm wie ein Rechtloser behandelt; er begnügt sich nicht, den Gegner zu bekämpfen, er beschimpft ihn auch. Aber die feine Unterscheidung zwischen dem öffentlichen und dem privaten Leben öffentlicher Charaktere, die wir uns heutzutage zu machen bemühen, war damals überhaupt noch nicht üblich, und Junius ist nicht schlimmer wie seine Zeitgenossen, wenn er nach jeder Blösse seines Gegners zielt und den Privatmann zu compromittiren versucht, um ihn für die Politik untauglich zu machen. Und ist die Bekämpfung einer unsittlichen Gesellschaft, einer frivolen Politik möglich, wenn die einzelnen Repräsentanten derselben nur nach ihren öffentlichen Handlungen beurtheilt werden? Sobald ein Zeitalter dahin gekommen ist, die Träger der obersten Gewalten für Verbrecher oder für Narren zu halten, wird es sein Urtheil immer auf das ganze Leben, den ganzen Charakter der Schuldigen gründen. Auch unsere Zeit hat im Zorne über ein verderbtes und kopfloses Regiment regelmässig alle Lebensverhältnisse des schuldigen Staatsmannes vor Gericht gezogen und wird deshalb schwerlich Tadel verdienen. Darf es Junius verdacht werden, wenn er inmitten eines heftig erbitterten Kampfes dem Herzog von Grafton auf jedem Abwege folgt, wenn er die Unwürdigkeit des Herzogs von Bedford aus dessen Privatleben ebenso wie aus der politischen Thätigkeit desselben zu beweisen versucht? Die wilde Leidenschaftlichkeit, die erbarmungslose Grausamkeit, mit der Junius seine Opfer verfolgt und moralisch vernichtet, stets ein ironisches oder höhnendes Wort auf den Lippen, lässt uns freilich manchmal glauben, nicht die Liebe zu seinem Volke, sondern ein rein persönlicher Hass gegen einzelne Menschen habe seine Feder geführt. Auch liegt auf der Hand, dass bei einer solchen Kampfesweise manches falsche Urtheil, manche voreilige Verdammung ausgesprochen werden musste, dass Junius nur eine geringe Glaubwürdigkeit für seine Behauptungen über die angegriffenen Personen beanspruchen darf. Der eigenthümliche Schriftsteller vereinigt in sich zwei selten miteinander verbundene Eigenschaften: eine glühende Leidenschaftlichkeit und einen treffenden Witz; beide verführen zur Caricatur.

Es würde deshalb unmöglich sein, lediglich aus Junius sich ein richtiges Urtheil über Werth oder Unwerth seiner Opfer zu bilden. Aber wir sind nicht gezwungen, Junius als Geschichtschreiber dreier trauriger Jahre der englischen Politik anzusehen oder zu benutzen, sondern wir kennen die Menschen, die er mit seinem Hasse verfolgt, aus sichern Quellen. Und da dürfen wir wol fragen, ob er denn wirklich so gewissenlos verleumdet und so urtheilslos gehasst habe, wie mancher uns glauben machen will. Die englische Geschichtschreibung hat die Männer, die Junius verfolgt, zwar ruhiger und milder, aber doch nicht günstiger beurtheilt, als er es selbst gethan.

Lord Mahon sagt uns[1], der Herzog von Grafton sei ein ganz anständiger und liebenswürdiger Mann gewesen; doch habe er die Weiber, die Pferde und die Hunde zu sehr geliebt, um sich den Staatsgeschäften energisch widmen zu können. Auch habe es allgemeinen Anstoss erregt, dass seine Maitresse in seinem Hause die Honneurs gemacht und an seinem Arm in Gegenwart der Königin im Theater erschienen sei. Diesem doch wahrlich sehr bedingten Lobe hat noch Lord John Russel[2] hinzugefügt, dass der Herzog durchaus ehrenwerth gehandelt habe, als er den König aus der Verlegenheit, wer an die Spitze des Ministeriums treten solle, befreit und sich selbst wiederholt entschlossen habe, die undankbare Rolle eines Ministers unter Georg III. zu spielen. Den Schwierigkeiten einer solchen Stellung habe er sich freilich nicht gewachsen gezeigt und die Königsfreunde nicht abhalten können, ihren verderblichen und bestimmenden Einfluss zu äussern.

Ich glaube, dass Junius eine Vertheidigung dieser Art nicht hätte gelten lassen, noch dass wir sie gelten lassen müssen. Dass der Herzog eigent-

---

1 A. a. O., V, 214, 215.

2 Correspondence of the Duke of Bedford, vol. III. Introduction, p. LXVIII.

lich gar kein übler Mann gewesen, auch Verstand besessen habe, besagt gar nichts, und dass es ehrenhaft sei, in ein Ministerium zu treten, das eine verfassungswidrige Politik zu führen bestimmt war, das im Widerspruche mit der englischen Parlamentsregierung das Vertrauen des Parlaments nicht genoss, sondern sich dasselbe erkaufen musste, das sich von vornherein zum blossen Instrumente in der Hand eines beschränkten Fürsten erniedrigte, und das zu dieser Rolle nicht durch einen einzigen grossen und schöpferischen Gedanken getrieben wurde, wie er ja sehr wohl auch einem verfassungswidrigen Thun hätte zu Grunde liegen können — dass dies ehrenhaft sei, muss unbedingt geleugnet werden. Die ganze Misregierung Georg's III. wäre unmöglich gewesen, wenn es nicht solche gefällige Ehrenmänner wie Grafton gegeben, die ihm aus jeder Verlegenheit nöthigenfalls durch das Preisgeben ihrer eigenen frühern Uebezeugung herausgeholfen hätten. Ueberdies war Grafton vor seiner grossen politischen Carrière ein so eifriger Gegner der von Lord Bute vertretenen Politik gewesen, dass er mit mehrern andern Edelleuten seines Postens als Lordlieutenant enthoben worden war[1]; auch hatte er zu den Freunden des Demagogen Wilkes gehört und demselben, als er wegen der Nummer 45 des *North Briton* im Tower gefangen sass, einen Besuch gemacht, um die Misbilligung seiner Ver-

---

[1] Mahon, a. a. O., V, 23.

haftung aufs deutlichste auszudrücken. Durfte da Junius nicht sagen: „Wäre ich jemals so schwach gewesen, Mr. Wilkes' Freund zu sein, nie wäre ich so niederträchtig gewesen, ihn zu verrathen."[1] Die Politik des Ministeriums drehte sich vornehmlich um die Verfolgung des kühnen Journalisten, und ziemte es sich für Grafton, an dieser Verfolgung als Premierminister theilzunehmen, nachdem er wenige Jahre vorher wegen ebendieser selben Verfolgung Wilkes sein Bedauern und seine Indignation ausgesprochen? Durfte der Herzog sich wundern, wenn ihm Charakterlosigkeit, Verrath seiner Grundsätze, servile Fügsamkeit gegen den Hof von Junius vorgeworfen wurde, als er den früher eng befreundeten Gefährten seiner Gelage einer rücksichtslosen Verfolgung preisgab? Und war es so seltsam, wenn Junius das frivole, liederliche Leben des Herzogs an den Pranger stellte, nachdem es der Herzog selbst an den Pranger gestellt hatte? Es spricht uns an, wenn Junius vorgeworfen wird, er habe den Schmerz des Herzogs über die Treulosigkeit seiner ersten Gemahlin nicht geschont, sondern ihn mit dem Ehebruche der Herzogin verhöhnt. Aber so roh und widerwärtig uns eine derartige Polemik heutzutage erscheint, war sie es denn auch damals? Als es sich um die Ausstossung des Mr. Wilkes aus dem Unterhause handelte, verhalf ein gar nicht in den Buchhandel gekommenes

---

1 Letter IX.

Schriftchen von Wilkes über die Frauen dem Oberhause zu einer neuen Angriffswaffe gegen den witzigen und frivolen Agitator; der grösste Wüstling des Oberhauses, Lord Sandwich, griff die Immoralität des Druckers an und forderte seine Ausstossung aus dem Parlamente, sodass ein witziger Mann meinen konnte, diesmal habe der Satan die Sünde gestraft. Durfte das Zeitalter des Herzogs von Grafton Junius vorwerfen, er sei roh und rücksichtslos, weil er die privaten Verhältnisse des Herzogs angreife, während das Oberhaus sich nicht scheute, einen privaten Scherz über die Frauen[1] zur Grundlage eines Angriffs auf Mr. Wilkes' Platz im Unterhause zu machen? Und erscheint der Skandal im Hause des Herzogs von Grafton denn wirklich als eine ernsthafte und schmerzliche Familientragödie, an welche zu erinnern roh und hartherzig gewesen sein würde? Ein liederlicher Ehemann, dem seine leichtsinnige Frau untreu wird, tröstet sich bei einer stadtkundigen Courtisane und bald darauf in einer neuen Ehe mit einer nahen Verwandten des Verführers seiner Frau — das ist doch eher eine Geschichte im Stile Boccaccio's als ein Familientrauerspiel!

Auch ist es schwer zu verhindern, dass ein öffentlicher Skandal öffentlich erwähnt werde. Ja, es ist nicht einmal gerechtfertigt, die Forderung

---

[1] Es waren von der Urschrift nur 14 Exemplare zur Vertheilung an Freunde abgezogen worden. MAHON, a. a. O., V, 46.

aufzustellen, dass das Bild eines einflussreichen und gefährlichen Zeitgenossen nur mit unvollkommenen Strichen gezeichnet werde. Zum Verständniss der Politik des Staatskanzlers Metternich gehört auch die Erwähnung seines frivolen Lebens, und man hätte dem so einflussreichen und doch so unbedeutenden Führer der europäischen Reaction kein Unrecht gethan, wenn man ihm seine Abenteuer öffentlich vorgeworfen hätte, da er ebenso wenig wie Grafton ein Hehl daraus machte. Ist Ludwig XV. verständlich ohne sein Haremsleben, und wer würde den muthigen Journalisten getadelt haben, der dem nichtswürdigen Fürsten bei dessen Lebzeiten schon seine Sünden vorgehalten hätte, statt ihre Schilderung einem zukünftigen Geschichtschreiber zu überlassen? Die Frivolität, der Leichtsinn, die Genusssucht eines Ministers dürfen nicht übersehen werden, wenn es sich um eine ernsthafte Prüfung der Frage handelt, ob der erste Beamte des Reichs fähig sei, den Staat zu regieren. Und überdies war Junius noch besonders dazu aufgefordert, auch das lasterhafte Privatleben des Herzogs von Grafton zu brandmarken: der König galt als ein sittenstrenger Mann von eifrig kirchlichem Sinn. Wie vertrug es sich mit dieser Gesinnung, dass Grafton sein Liebling war? Die Haupttugend des Königs wurde zur inhaltlosen Heuchelei, wenn ein stadtkundiger Roué, der durch kein irgend nennenswerthes politisches Talent empfohlen wurde, immer wieder die hohe Stellung des intimen Rathgebers eines

Hofes erhielt, an welchem Knien Frömmigkeit und Beten Religion bedeutete. Mag Junius auch übertrieben und kritiklos nach jeder den Herzog beschimpfenden Erzählung gegriffen haben; dass er in dem Gesammturtheile über denselben sich nicht geirrt, geht auch aus der von Lord Mahon und Lord John Russell versuchten Vertheidigung hervor.

Aehnlich steht es mit dem Angriffe auf Lord Mansfield. Dass in den heftigen Anklagen gegen den Lord Oberrichter Uebertreibungen vorkommen, ist sicher; dass einzelne Vorwürfe, die Junius dem Lord macht, sogar falsch sind, ist nicht zu bezweifeln; dass Junius in seinen juristischen Ausführungen über einzelne richterliche Verfügungen Mansfield's seine ungenügende Rechtskenntniss bewiesen, ist ausgemacht. Dass aber das von Junius gezeichnete Bild des Lord Oberrichters dem Originale durchaus unähnlich sei, ist deshalb doch nicht richtig. Lord Brougham hat wie den Herzog von Bedford so auch Lord Mansfield gegen Junius' Angriffe zu vertheidigen gesucht[1] und in der That für jede Handlung desselben ein beschönigendes Wort zu finden gewusst, auch die juristischen Fähigkeiten seines Schützlings rühmend erwähnt. Aber das letztere hat niemand, auch Junius nicht, bezweifelt, und was die Beschönigungen der einzelnen von Junius besonders hervorgehobenen Charakterfehler Mansfield's betrifft, so sind diese Beschöni-

---

[1] Lord BROUGHAM, a. a. O., series I. vol. I, Lord Mansfield.

gungen ein zu dünner Schleier, um nicht den ganzen Fehler deutlich hindurchschimmern zu lassen. Lord Brougham sagt, es charakterisire die dem Manne und dem Schotten eigene Vorsicht, wenn Lord Mansfield beim Beginn seiner Carrière sich geweigert habe, ins Unterhaus zu treten, weil er auf beiden Seiten des Hauses Freunde und Patrone habe und es mit keinem verderben wolle. Dass dies Vorsicht ist, gebe ich gern zu, dass es aber die Vorsicht einer geborenen Lakaienseele ist, hätte Lord Brougham zugeben sollen. Wenn weiter Lord Mansfield in seiner ganzen ausgebreiteten Rechtskenntniss keinen Satz findet, um die einfachen Gründe Lord Camden's über die Irrigkeit der Auffassung, welche Lord Mansfield in dem Processe gegen Woodfall über Schmähschriften vorgetragen hatte, zu widerlegen, sondern sich weigert, über die Frage in eine Discussion zu treten, so ist dies nicht blos ein Beweis, wie Lord Brougham meint, für die harmlose Art, in der früher schwere politische Fragen verhandelt wurden, sondern es ist überdies ein neuer Beweis dafür, dass Lord Mansfield eine jedenfalls unhaltbare Theorie vertreten hatte und zu feig war, sie gegen die Angriffe eines Staatsmannes zu vertheidigen, der ein viel weniger bedeutender Jurist, als er selber war. Und endlich, wenn die Fox'sche Libell-Acte nichts weiter feststellte, als dass der Jury in Libellprocessen der Wahrspruch auch über die Frage gebühre, ob die incriminirte Schrift ein Libell sei oder nicht, hat dann nicht die Gesetzgebung selbst Lord Mansfield förmlich desavouirt?

Ich glaube, die Sache des Junius gegen den Herzog von Bedford steht weniger günstig. Mehr als in irgendeinem andern Briefe verliert sich Junius hier in erbärmlichem Klatsch. Es sind Anekdoten der Bedientenstube, die er in seinen Briefen an und über den Herzog dem Publikum erzählt. Selbst wenn sie wahr wären, hätte er sie nicht vorbringen dürfen; denn sie gehören absolut nicht zur Sache. Was geht es England an, ob ein Staatsmann den Tod seines Sohnes ernsthaft betrauert oder nicht, ob er das übliche Geschenk der Garderobe des Verstorbenen an dessen Dienerschaft unterlässt oder nicht? „Des edeln Zorns des Junius", von welchem Junius selbst in einem Privatbriefe an Woodfall spricht, waren diese Dinge wahrlich nicht werth, selbst — ich wiederhole es — wenn sie wahr gewesen wären. Nun hat aber Lord John Russell den Nachweis geliefert[1], dass diese Anklagen falsch sind, dass der Herzog so ehrlich und tief den plötzlichen Verlust seines Sohnes, des Lord Tavistock, betrauert hat, wie jeder warm fühlende Vater, dass die üblichen Geschenke an die Dienerschaft des Verstorbenen verabreicht worden sind, und dass der Herzog in fürstlicher Weise für das Schicksal seiner verwittweten Schwiegertochter gesorgt hat. Junius hat also den Herzog nicht blos mit ganz und gar

[1] BEDFORD, Correspondence, vol. III. Introduction, LXIX.

ungehörigen, sondern auch mit falschen Anklagen überschüttet und sich zu dem kritiklosen Organe des Stadtklatsches gemacht, der dem verhassten Herzog alles denkbar Ueble nachreden mochte. Und nicht besser scheint es mit den Prügeleien des Herzogs zu stehen. Zwar ist derselbe auf einem Pferderennen vom Pöbel insultirt worden; aber es war das nicht die Folge eines unanständigen Betragens des Herzogs, sondern der Ausbruch jakobitischer Wuth gegen ein paar in der Gesellschaft des Herzogs befindliche, früher jakobitisch gesinnt gewesene und nunmehr zu der Bedford-Partei übergegangene Edelleute.

Dass auch der schwerste Vorwurf, den Junius gegen den Herzog erhebt, der Vorwurf der Bestechlichkeit, falsch ist, glauben wir gern. Junius selbst hat ihn nicht entfernt zu begründen vermocht. Ja erst das Gefühl, mit diesem Vorwurfe zu weit gegangen zu sein, hat Junius veranlasst, auf alle die rein privaten Klatschgeschichten einzugehen, die ebenso geschmacklos als irrig sind. Aber dennoch möchten wir aus dem Vorwurfe der Bestechlichkeit nicht den Schluss ziehen, den Lord Brougham und Lord John Russell aus ihm ziehen, dass Junius ein gewissenloser Lügner gewesen.

War es denn so wunderbar, auch den Herzog, den eigentlichen Vermittler des Friedens, der Bestechlichkeit anzuklagen, wenn man seinen Auftraggeber, Lord Bute, Lord Holland und die eigene Mutter des Königs der Bestechlichkeit anklagte?

Wenige Monate, nachdem Junius dem Herzog seine schwere Anklage ins Gesicht geschleudert, sah sich das Parlament genöthigt, eine Commission zur Untersuchung der gegen die drei Genannten erhobenen Anklage niederzusetzen. Als Junius an den Herzog schrieb, schwirrte noch das Gerücht der Bestechlichkeit ununtersucht und unwiderlegt in der Luft, und es ist wirklich sehr nahe liegend, dass dasselbe nicht blos die drei Genannten, sondern in erster Linie auch den Herzog traf, oder doch, dass Junius diesen für nicht reiner als Lord Bute und Lord Holland hielt. Wir dürfen nicht vergessen, dass die Bestechung damals ein regelmässiger Factor der Politik geworden war. Die Krone arbeitete mit diesem Instrumente seit langem und hatte nennenswerthe Erfolge damit errungen. Der Adel sicherte sich durch Bestechung seine Sitze im Unterhause, wie die Krone sich durch Bestechung die Majorität im Unterhause zu sichern gewusst hatte. Die englischen Politiker bestachen nicht blos, sie waren auch selbst bestechlich. So üblich die Verleihung von Pensionen an Staatsmänner, an deren Frauen und Söhne war, so harmlos das ganze Geschäft auch angesehen wurde, es waren diese Gnadenbezeugungen von seiten der Krone oder der Minister, die Erhebung in die Pairie, die Gewährung von reich dotirten Sinecuren seit Walpole's Zeiten und neuerdings wieder seit Georg III. in Wahrheit doch nur feinere Formen der Bestechung, denen sich auch die ersten Familien des Landes nur selten entzogen. Wird es doch als ein besonderer Anspruch Lord Chatham's auf die Volksgunst noch neuerdings von Macaulay bezeichnet, dass er niemals Gelder und Ehren angenommen habe, die ihn zu einer bestimmten Handlungsweise hätten verpflichten können. Und war doch derselbe Staatsmann in Gefahr, sein Ansehen zu verlieren, als er erst eine Pairie für seine Gemahlin und eine Pension von 3000 Pfd. St. auf die Dauer von drei Leben und endlich eine Pairie für sich selber vom Könige annahm, weil die öffentliche Meinung darin eine fein verhüllte Bestechung erblickte, um den grossen Commoner für die Unterstützung der Krone zu gewinnen.[1] Das Publikum konnte inmitten solcher schmuziger Geschäfte keinem, der irgendeinen Antheil an der Herrschaft hatte, noch reine Hände zutrauen, und so gross auch der Sprung von dem Verdachte, Gold vom Könige von England angenommen zu haben, bis zu der Anklage war, dass ein englischer Herzog sich von Frankreich habe bestechen lassen, es konnte doch nicht ausbleiben, dass der Argwohn rege wurde, derjenige, der daheim mit Bestechung arbeite und durch Bestechlichkeit sich bereichere, werde auch auswärts nicht spröde gegen die Verlockuugen des Goldes sein. So war der Verdacht gegen Lord Holland entstanden, einen talentvollen Mann aus Walpole's Schule,

---

[1] MACAULAY, The Eail of Chatham in den Critical and historical essays. New edition. London 1850. p. 728, 737, 762, 768.

der in der politischen Tugend nur Koketterie erblickte, der als das beste Mittel zur Führung der Regierung die Bestechung und den Staat als die Beute ansah, mit welcher die Staatsmänner sich bezahlt machen mochten.[1] So konnte der gleiche Verdacht auch gegen den Herzog von Bedford entstehen. Der Herzog brauchte nicht schlechter zu sein wie die Mehrzahl seiner auf dem Gebiete der Politik thätigen Standesgenossen und konnte doch den Vorwurf der Bestechlichkeit verdienen. Zwar ist derselbe anscheinend von diesem Verdachte nicht getroffen worden, bevor Junius ihn aussprach. Aber es war doch wahrlich nicht seltsam, wenn endlich der Verdacht auch den Herzog erreichte. Er gehörte wie Lord Holland und Lord Bute zu einer corrumpirten Gesellschaft, die gewohnt war, derlei Geschäfte mit andern Augen anzusehen, als es die Gegenwart thut. Seine nächsten Freunde und ergebensten Clienten, seine eigentlichen Rathgeber, Lord Sandwich und der oft und in bitterster Weise von Junius angegriffene Rigby, trugen in ihrem öffentlichen wie privaten Leben eine schamlose Unsittlichkeit zur Schau.[2] Auch dürfen wir nicht unerwähnt lassen, dass der Herzog den öffentlichen Unwillen als Lord-Lieutenant von Irland schon einmal auf sich gezogen, als er es durchgesetzt

---

1 MACAULAY, Essays: Thackeray's history of the Earl of Chatham, p. 294.

2 MACAULAY, Essays: Earl of Chatham, p. 729.

hatte, dass eine erledigte Leibrente, die der Königin von Preussen von England bewilligt worden war, aber aus der irischen Staatskasse gezahlt wurde, nach dem Tode ihrer bisherigen Empfängerin an seine Schwägerin gegeben wurde, der aller und jeder Anspruch auf eine Staatspension fehlte.[1] Das war freilich weder Bestechung noch Bestechlickeit, aber es war ein Beweis für die frivole Verwendung der Staatsgelder, für den rücksichtslosen Nepotismus, für die Ausbeutung des Staates im Interesse der herrschenden Familien, deren sich damals die Oligarchie der grossen Adelsgeschlechter in England und mit ihr der Herzog von Bedford schuldig machte. Auch kennen wir die Anschauungen des Herzogs über Nutzen und Werth der Bestechung aus seinen eigenen Aufzeichnungen: er hat „Douceurs“ an die leitenden Politiker in Irland für das beste Mittel erklärt, die irische Opposition zu besänftigen.[2]

Ich weiss sehr wohl, dass alles dies kein Beweis für die Bestechlichkeit des Herzogs ist, und ich wiederhole, dass ich an eine Bestechung des Herzogs durch Frankreich nicht glaube. Es gehört ein sehr hoher Grad von Verworfenheit dazu, sich vom Auslande bezahlen zu lassen, um die Interessen des Vaterlandes preiszugeben, und wir haben keinen Grund, dem Herzog eine solche Verworfenheit

---

1 Mahon, a. a. O., IV, 131.
2 Mahon, a. a. O., IV, 131.

zuzutrauen. Aber ich finde es nicht so ungeheuerlich, wenn den Herzog derselbe Verdacht traf wie Lord Bute und Lord Holland, und ich behaupte, dass eine absichtliche lügenhafte Erfindung in dem Vorwurfe der Bestechlichkeit gegen das vielleicht leidlich rein gebliebene Mitglied einer bestechlichen und bestechenden Gesellschaft noch nicht zu finden ist. Junius hätte gewissenhaft gehandelt, wenn er den unbewiesenen — freilich auch sehr schwer beweisbaren — Verdacht nicht ausgesprochen hätte; aber Junius brauchte noch kein raffinirter Verleumder zu sein, um dem Herzog Bestechlichkeit zuzutrauen. Man lese den Brief, in welchem Junius Woodfall zu beruhigen sucht, als dieser sich ängstigte, der Herzog von Bedford werde ihn vor dem Oberhause wegen Privilegienbruchs belangen. Er athmet eine so feste Ueberzeugung von der Richtigkeit der gegen den Herzog erhobenen Anklage, dass es schwer wird, zu glauben, Junius sei sich einer Verleumdung bewusst: „Ich halte einige Dinge zurück, lediglich um ihn einzuschüchtern, wenn er daran denken sollte, Sie vor das Haus der Lords zu bringen. Ich bin sicher, dass ich ihm privatim mit einem Sturme drohen kann, der ihn selbst in seinem Grabe würde erzittern machen.[1]

Es würde freilich eine schlechte Vertheidigung des Junius sein, wenn man meinte, der Journalist

---

[1] Private letters to Mr. Woodfall, Nr. 10. JUNIUS, a. a. O., II, 23.

bedürfe nur einer kleinen Dosis von Gewissenhaftigkeit, und man dürfe nicht allzu streng über ihm zu Gericht sitzen, wenn er einmal eine Lüge gesagt. Wohl aber wird das abschliessende Urtheil über den sittlichen Werth eines Schriftstellers, der inmitten der Leidenschaften seines Zeitalters über sein Zeitalter schrieb und in den Tageblättern als öffentlicher Ankläger aller derjenigen Staatsmänner auftrat, welche die Vertreter der Krone ebenso wenig wie das Parlament zur Rechenschaft gezogen haben würden, nicht von der Unrichtigkeit einzelner seiner Behauptungen ausgehen und darauf hin ihm den Vorwurf machen dürfen, er sei nichts als ein giftiger Lügner gewesen. Ich glaube, dass Junius wissentlich nicht eine einzige Unwahrheit gesagt und ebenso wenig geglaubt hat, seine von Hass und Leidenschaft geführte Hand male verzerrte Bilder. Junius' Correspondenz mit Woodfall macht vielmehr den Eindruck, als sei sich Junius bewusst, eine schwere und gefährliche Aufgabe ernsthaft wie eine Amtspflicht erfüllen zu müssen.

Ueber der verhüllten Gestalt des Junius liegt der ganze unheimliche Zauber des Dämonischen, und oft tritt er uns wie der Dämon des Hasses entgegen. Aber der Hass gegen eine Schar verächtlicher oder kleiner Menschen ist doch nicht der innerste Kern seiner Leidenschaft und nicht das erste Motiv seines Handelns. Lord Byron legt Junius auf die Frage, ob er nicht bereue, was er gegen den König geschrieben, die Antwort in den Mund:

„Ich liebte mein Land und hasste ihn.“ [1] Und so ist es auch wirklich gewesen: Junius hat die freien Institutionen seines Vaterlandes ehrlich und warm, ja leidenschaftlich geliebt und ist zu ihrem Schutze aufgetreten, als er sie gefährdet sah. Wie Mephistopheles dem Faust in der Hexenküche das Bild der Helena zeigt, um die entschlummerte sinnliche Begier von neuem zu entfachen, so hat Junius das englische Volk in die Hexenküche der englischen Politik geführt, wo ein Georg III. mit der Krone spielte, ein Grafton, Bedford, Mansfield ihre Bettelsuppen kochten, und ihm die bedrohte Verfassung gezeigt, um es zu neuer Freiheitsliebe zu entflammen.

[1] Vision of judgment, Str. 83.

V.

Das Geheimniss des Junius und seine Enthüllung.

Schon bei dem ersten Erscheinen der Briefe des Junius wurde die Frage nach ihrem Verfasser laut, und so fragen auch wir: Wer war der seltsame Mann, der auf den Genuss seines Ruhmes verzichtend nach einer letzten eindringlichen Mahnung an sein Volk ebenso plötzlich, wie er erschienen, wieder verschwand? Wie war es möglich, dass es Junius gelang, vollständig unerkannt zu bleiben, trotz der allgemeinen im Laufe seiner schriftstellerischen Thätigkeit fortwährend steigenden Spannung auf die endliche Lösung des Räthsels, trotz der angestrengten Nachforschungen der Regierung nach ihrem furchtbarsten Gegner, trotz des regen Verkehrs, den er mit seinem Verleger unterhielt?

Die Möglichkeit eines so vollständigen Verschwindens erklärt sich ausschliesslich aus der immer gleichen peinlichen Sorgfalt des „grossen Unbekannten“, sich durch nichts zu verrathen, auch nicht die leisesten Spuren seiner wirklichen Persönlichkeit zu hinterlassen.

Zunächst verstellte er seine Handschrift. Die aufrecht stehenden Buchstaben seiner anscheinend mit sehr spitzer Feder geschriebenen Schrift verrathen einen gewissen Zwang; noch mehr aber verräth die Ungleichheit der Züge, dass sie nicht natürlich sind. Oft sind die Worte liegend und flüchtig geschrieben und berechtigen zu dem Schlusse, die regelmässige Schreibweise des Verfassers sei nicht diejenige gewesen, die uns in den übriggebliebenen Manuscripten des Junius auffällt. Noch mehr wird dieser Verdacht dadurch bestärkt, dass Junius die in dem Ductus der gewöhnlichen englischen Currentschrift des vorigen Jahrhunderts geschriebenen Buchstaben durch allerhand Verschnörkelungen ihres Charakters wieder zu berauben versucht, am meisten aber dadurch, dass er sich wiederholt auf den Correcturbogen der von ihm selbst besorgten Ausgabe seiner Briefe bemüht hat, die Worte, welche in ihrer Schreibweise von der regelmässigen Handschrift des Junius abwichen, auszuradiren und mit demselben Worte in der Handschrift des Junius zu bedecken.

Dann bediente sich Junius zur Beförderung seiner Briefe der damals in hohem Grade unzuverlässigen Post nur selten. Vielmehr benutzte er anscheinend regelmässig den ersten besten auf der Strasse aufgegriffenen Boten, dem er auf der Strasse selbst oder in irgendeinem entlegenen Kaffeehause den Brief zur Besorgung übergab. Die Ueberbringer seiner Briefe konnten deshalb nie mit irgendwelcher Bestimmtheit den Mann beschreiben oder ausfindig machen, der ihnen den Brief übergeben hatte. In dieser Weise hat Junius nicht blos die an Woodfall gerichteten, sondern auch diejenigen Briefe besorgt, die er privatim an andere Personen, z. B. Wilkes geschrieben, wie wir aus der Notiz ersehen, die Wilkes auf die Rückseite des ersten von Junius an ihn gerichteten Briefs gemacht hat. Dort heisst es: „21. August 1771. Empfangen am Mittwoch Mittag durch einen Chaisenträger, welcher sagte, er bringe ihn von einem Gentleman, den er in Lancaster Court am Strand gesehen.“[1] Endlich brachte Junius die Briefe selbst zu Woodfall. Da nun gerade bei dieser Art der Besorgung die Gefahr, von Woodfall oder einem der Diener des Geschäfts gesehen zu werden, sehr gross war, so scheint er den Brief zur Thüre hinein auf die offene Hausflur geworfen und sich dann aufs eiligste entfernt zu haben. Einmal ist er hierbei gesehen worden: ein bei Woodfall angestellter Mr. Jackson ist der einzige Glückliche gewesen, der Junius wenigstens gesehen zu haben glaubt. Er nahm eines Tages einen Herrn von hoher Gestalt, in leichtem Rocke mit Degen und Haarbeutel wahr, wie er schnell einen Brief zur Thüre des Hauses hineinwarf. Jackson erkannte beim Aufheben des Briefs sofort die ihm bekannten charakteristischen Schriftzüge des Junius und versuchte es, dem Un-

---

[1] JUNIUS, II, 63, Note.

bekannten zu folgen. Dieser aber eilte schnell von dannen, warf sich endlich in einen Miethwagen und entschwand dem Auge seines neugierigen Verfolgers.[1]

Endlich nahm Junius die von Woodfall an ihn abgehenden Sendungen und Correspondenzen in gleich geheimnissvoller Weise in Empfang. Die geschäftlichen Mittheilungen Woodfall's wurden einfach im *Public Advertiser* unter der Chiffre C., mit welcher Junius auch seine Privatbriefe an Woodfall zu unterzeichnen pflegte, abgedruckt oder in eine Form gekleidet, die sie nur Junius verständlich machen konnte. Die Correcturbogen aber — und Junius las die Correcturen der Gesammtausgabe seiner Briefe theilweise selbst — und ebenso die ausführlichern Briefe Woodfall's wurden nach Junius' Bestimmung unter irgendeiner indifferenten Adresse — mehrfach gebrauchte Namen sind Mr. William Middleton und Mr. John Fretly gewesen[2] — an dem Schenktische bald dieses, bald jenes Kaffeehauses in den verschiedensten Theilen von London abgegeben, wo er sie selbst abholte oder durch einen beliebigen Boten abholen liess, dem er anscheinend vor der Thüre des Hauses den empfangenen Brief sofort abnahm. In dieser Weise sind Junius auch die drei Exemplare seiner gesammelten Briefe zuge-

---

[1] Junius, I, 24, Note.
[2] Junius, II. Private letters to Mr. Woodfall, Nr. 3, 27.

stellt worden, die er sich vom Verleger ausbedungen hatte.[1].

Einmal spricht Junius in einem an Woodfall gerichteten Briefe[2] von dem Gentleman, welcher die Vermittelung seiner Correspondenz besorge. Von einem solchen regelmässigen Vermittler wissen wir aber nicht das Geringste. Woodfall hat ihn jedenfalls nicht gekannt. Wäre es nicht möglich, dass Junius in seiner ausserordentlichen Vorsicht diesen Gentleman erfunden hätte, um, falls er doch einmal beim Bringen oder Abholen eines Briefs gesehen und erkannt würde, behaupten zu können, er habe blos die bescheidene Rolle eines Vermittlers der Correspondenz des Junius gespielt? Wir haben nicht den leisesten Grund anzunehmen, dass Junius einen Mitwisser gehabt; ja Junius' eigene wiederholte Versicherung macht die Vermuthung unmöglich, dass ihm irgendjemand als ständiger Bote oder in anderer Weise behülflich gewesen sei. Denn ein solcher hätte doch immer um das Geheimniss des Junius wissen müssen, und dieses Geheimniss kannte niemand ausser Junius selbst.

Junius äussert Woodfall gegenüber mehrfach grosse Besorgniss, entdeckt zu werden. Der Aufwärter eines Kaffeehauses, in welchem ein Brief Woodfall's an Junius abgegeben worden, lehnte sogar, wie dieser an Woodfall schreibt, in Einer

---

[1] A. a. O., Nr. 58, 59.
[2] A. a. O., Nr. 51.

Nacht zweimal die Herausgabe des bei ihm niedergelegten Briefs ab und versuchte dabei jedesmal die Person zu sehen, die nach ihm schickte.[1] Demnach hat Junius einen Boten genommen, der in das Kaffeehaus hineingehen sollte, um die Sendung abzuholen, während er selbst vor der Thüre wartete. Die Gefahr einer Entdeckung ist aber immer glücklich vorübergegangen. Nur von einem einzigen Menschen, dem Schauspieler Garrick, scheint Junius geglaubt zu haben, er könne auf die richtige Fährte kommen.[2] Hieraus erklärt sich der in bis zur Rohheit leidenschaftlichen, ja geradezu wilden Ausdrücken geschriebene Drohbrief, den Junius an Garrick richtete: „Ich bin von Ihrer unverschämten Kundschafterei vollständig unterrichtet. Pass auf, Vagabund! Bleibe bei deinem Gesichterschneiden oder sei überzeugt, du sollst von mir hören! Mische dich nicht mehr in meine Sachen, geschäftiger Spion! Es ist in m e i n e r Macht, dich die Stunde verfluchen zu machen, in welcher du es wagtest, Junius in den Weg zu treten!"[3] Auch bestimmte Junius sofort, nachdem er von Garrick's angeblichen Nachforschungen erfahren hatte, ein anderes Kaffeehaus, in welchem Woodfall die für ihn bestimmten Briefe und Drucksachen abgeben sollte, in dem er ihn dabei beschwor, keinem Sterb-

---

1 A. a. O., Nr. 58.

2 A. a. O., Nr. 40.

3 A. a. O. Einlage des 41. Privatbriefs an Woodfall.

lichen von dieser Aenderung etwas zu sagen, und zugleich die Hoffnung aussprach, Woodfall werde ein zu ehrenhafter Mann sein, um irgendwie zu seiner Vernichtung beizutragen: „Handeln Sie ehrenhaft gegen mich, und zur rechten Zeit sollen Sie mich kennen lernen." [1] Garrick hat sich gegen Woodfall in würdiger und überzeugender Weise gegen den Vorwurf, der Regierung Spionsdienste zu leisten, vertheidigt [2], und jedenfalls Junius' Furcht vor Entdeckung nicht wieder erregt.

So durfte sich denn Junius, als er seinen letzten Brief an Woodfall geschrieben, mit Bestimmtheit sagen, dass nur die Gesinnung, der Stil und der Inhalt seiner Briefe, sowie die in der Hand Woodfall's befindlichen Manuscripte, Billets und Correcturbogen einer künftigen Untersuchung über die Autorschaft der Briefe zur unsichern Grundlage dienen könnten.

Wie unsicher diese Grundlage für Junius' Ermittelung war, geht aus der grossen Anzahl von Personen hervor, die man der Reihe nach in dem Verdachte hatte, der wirkliche Junius zu sein. [3]

---

1 A. a. O., Nr. 41.

2 Junius, a. a. O., II, 46, 47, Note.

3 Vgl. Junius, vol. I. Preliminary Essay on Junius and his writings by John Mason Good, p. 1—84. Vol. II. The history and discovery of Junius, p. XI—XC. Macaulay, Essays: Warren Hastings. A new edition (London 1850), p. 603—605. Lord Mahon, a. a. O., V, 220—235. Vol. V. Appendix: Authorship of Junius, p. 368—380. Memoirs of Sir Ph. Francis (London 1867), vol. I, ch. VI, VII.

Ein Schriftsteller hat an 43 verschiedene Prätendenten aufgezählt und dazu erklärt, diese Liste sei noch nicht vollständig. Die aufgeregte Neugier des Publikums stachelte zu immer neuen Hypothesen an, und keine Vermuthung, mochte sie auch noch so abenteuerlich sein, ist ganz ohne Gläubige geblieben.

Man dachte zuerst an Edmund Burke, dem man vor allen andern Politikern die Fähigkeit zutraute, Junius zu sein, glaubte es aber dem ehrlichen Manne mit dem schweren, bilderreichen Stile gern, als er Sir William Draper auf dessen directe Frage erklärte, dass er nicht der Urheber der Briefe sei. Auch haben wir Grund anzunehmen, dass Burke selbst in spätern Jahren den wirklichen Junius zu kennen überzeugt war, und wissen, wen er dafür gehalten hat.

Weiter wurde vermuthet, Wilkes, dessen Begabung allen bekannt war, und dessen Angelegenheit in so beredter Weise von Junius vertreten wurde, sei selbst Junius. Aber nicht blos die viel unvollkommenere Herrschaft Wilkes' über die Sprache und die Rücksichtslosigkeit, mit der er sich stets zu seinen Schriften und Thaten bekannt hat, sprachen gegen diese Vermuthung; wir wissen überdies aus der Privatcorrespondenz des Junius mit Woodfall und mit Wilkes selbst mit voller Bestimmtheit, dass Junius und Wilkes nicht eine und dieselbe Person waren. Hat Wilkes doch Junius in seiner lustigen Weise einmal durch Woodfall's

Vermittelung im Jahre 1771 zum Ball eingeladen und ihn gebeten, auch seine Junia mitzubringen: wie glücklich werde er sein, wenn er seine Tochter eine graziöse Menuet mit Junius Brutus tanzen sehen könnte! Junius' Antwort athmet seinen ganzen Stolz: „Mein Aussehen und Alter würde meiner Partnerin wenig zusagen, und aufrichtig: was hat Junius mit einer Menuet zu thun?"

Man rieth weiter auf einen gewissen William Gerard Hamilton, gewöhnlich Singlespeech Hamilton genannt, weil er als Mitglied des Unterhauses nur eine einzige, aber vorzügliche Rede gehalten. Der Glaube, er sei der wirkliche Junius, war so verbreitet, dass im November 1771 im *Public Advertiser* ein Brief an William Junius Singlespeech, Esq., veröffentlicht worden ist. Sein ganzer Titel auf die Urheberschaft der Briefe besteht in dem Umstand, dass er angeblich einmal den Inhalt eines Briefs des Junius vor dessen Erscheinen erzählt hat.

Ein eitler Offizier, General Lee, scheint den durch eine zufällig von ihm gethane Aeusserung grundlos erweckten Glauben, dass er Junius sei, in Amerika wenigstens, wohin er sich während des Unabhängigkeitskriegs gewendet hatte, selbst gepflegt zu haben, obgleich der Umstand, dass er im Jahre 1769 gar nicht in England, sondern auf dem Continente gewesen, und seine eigenen ausgesprochenen Ansichten über die Unrechtmässigkeit einer Besteuerung Amerikas durch das englische Parlament ihm jeden Anspruch auf den Namen Junius nehmen mussten. Einem andern Juniuscandidaten Greatrakes, der anscheinend eine derjenigen des Junius ähnliche Handschrift schrieb, haben seine Freunde sogar ohne jeden weitern Anlass die von Junius seinen Briefen vorgesetzte Devise[1] auf's Grab geschrieben. Andere machten den Versuch, Lord Chatham für Junius zu erklären, trotz all der Bitterkeiten, mit denen Junius den von ihm freilich im allgemeinen hochverehrten Staatsmann überschüttet. Auch ist an eine Identität beider um so weniger zu denken, als sich unter den Papieren Chatham's zwei Briefe des Junius vorgefunden haben, in deren letztem dieser Lord Chatham bittet, die beigelegten Correcturbogen des letzten an Lord Mansfield gerichteten Briefs durchzusehen und sich in dieser Weise auf die von Junius geforderte Erhebung der Anklage gegen den Lord Oberrichter vorzubereiten.[2] Wiederum andere Gelehrte der Juniusfrage

---

[1] „Stat nominis umbra". Die Worte sind aus LUCANUS, Pharsalia, lib. I, v. 135, entnommen und lauten dort: Stat magni nominis umbra. Sie beziehen sich auf Pompejus, der nur noch der Schatten eines grossen Namens geblieben sei im Gegensatze zu Cäsar, welcher keinen so beruhmten Namen wie Pompejus, dafur aber die ungebrochene Kraft des Mannes gehabt habe, also nicht blos um seiner Vergangenheit, sondern um seiner gegenwärtigen Bedeutung willen furchtbar gewesen sei. Der Sinn, in welchem Juuius die Worte Lucan's gebraucht, kann kein anderer sein, als derjenige, welchen ich der Devise am Ende dieser Schrift gebe, weicht also von der Bedeutung ab, die Lucan's Worte durch die Gegenüberstellung Cäsar's empfangen.

[2] CHATHAM, Correspondence, III, 302—305. IV, 190—194.

hielten mit seltsamer Zähigkeit an Hugh Macaulay Boyd fest, einem zur Zeit des Erscheinens der Briefe noch nicht einmal mündigen jungen Mann, der eine derjenigen des Junius ähnliche Handschrift schreiben sollte und angeblich sehr blass geworden war, als man ihm dies mittheilte. Noch seltsamer ist der Einfall, Junius sei gar nicht ein einzelner Mensch, sondern ein Collegium gewesen, in welchem neben einem Edelmanne, Lord Shelburne, später Marquis of Lansdowne, einem Juristen, Mr. Dunning, später Lord Ashburton und einem Offizier, dem Obersten Barré auch ein Pastor und — da es kein Complot ohne Pfaffen und Weiber gebe — sogar eine Dame, Dr. Wilmot und Mistress Wilmot Serres, gewesen; ja dieses Collegium habe sich sogar zur Erinnerung an die gemeinsam verbrachten Stunden malen lassen und sei noch in einer bestimmten englischen Galerie zu sehen. Noch andere fabelten von einem mysteriösen auf Schloss Stowe, dem Familiensitze der — von Junius stets mit grosser Verehrung genannten — Grenville's befindlichen, durch drei verschiedene Siegel verschlossenen Schreine, welcher das Geheimniss des Junius verberge, bis endlich Lord Byron diese Jagd auf Junius durch die Hypothese verspottete:

That what Junius we are wont to call
Was really, truly nobody at all. [1]

---

[1] Byron, Vision of judgment, Str. 80.

In diesem Chaos haltloser Vermuthungen erscheint es wie eine Erquickung, dass die Hypothese ausgesprochen wurde, Lord George Sackville, ein jüngerer Sohn des Herzogs von Dorset sei der Urheber der Briefe. Der Verdacht wurde sofort nach dem Erscheinen der Briefe ausgesprochen, ja der nach Rache dürstende Sir William Draper hat wie Burke so auch Lord George Sackville danach gefragt, und bis in die neuere Zeit hinein hat gerade diese Vermuthung viel Gläubige gefunden.

Lord George Sackville war General in der englischen Armee gewesen und besass daher zweifellos die genaue Kenntniss der militärischen Verhältnisse, welche Junius wiederholt bewiesen hat. Er war wegen Feigheit und Insubordination, deren er sich in der Schlacht bei Minden (1. August 1759) schuldig gemacht haben sollte, entlassen und seiner militärischen Aemter entsetzt worden. Damit schien die ängstliche Sorgfalt im Verbergen seines Namens sich wohl zu vertragen. Der von Junius so hart angegriffene General Granby war der an seiner Stelle ernannte Oberbefehlshaber der Armee, und das erklärte den Hass gegen diesen. Schotten waren seine Richter gewesen; damit fand der von Junius gegen die Schotten zur Schau getragene Hass seine Rechtfertigung. Endlich erklärte auch die hohe gesellschaftliche Stellung Sackville's seine intime Kenntniss des Hofes, des Königs, der unsaubern Geschäfte, die Sir William Draper, der Herzog von Grafton u. a. betrieben. Auch fand man bei dem Sohne eines Herzogs den stolzen, häufig hochmüthigen Ton des Junius, sowie Junius' eigene wiederholte Berufung auf seinen Rang und Reichthum natürlich. Dann wird Lord George Sackville in einem Briefe des Junius an Woodfall in einer Weise erwähnt, welche eine besonders feste Basis für diese Hypothese zu geben schien: es heisst dort, ein gewisser Swinney habe die Dreistigkeit gehabt, direct zu Lord George Sackville zu gehen, obgleich er denselben gar nicht kenne, und ihn zu fragen, ob er der Verfasser der Briefe sei. Wie, so fragte man, konnte Junius sich über diesen Vorgang erzürnen, wenn er nicht selber Sackville war? Schliesslich schien ein feiger, hochmüthiger, von seinen Kameraden ebenso wie von seinen Standesgenossen verachteter Mann die richtige Persönlichkeit für einen Junius zu sein.

Aber auch diese Vermuthung muss als falsch bezeichnet werden. Einmal trifft es nicht zu, dass das Geheimniss des Junius Feigheit bedeute. Wie wir die Ritter des Mittelalters nicht feige nennen, weil sie sich von Kopf zu Füssen in Eisen hüllten, so dürfen wir auch Junius nicht deshalb feige nennen, weil er in einem furchtbaren Kampfe sich mit dem undurchdringlichen Panzer eines falschen Namens waffnet. Klingen denn die wuchtigen Angriffe des Junius, die drohenden Anklagen, die er den ersten Männern des Königreichs entgegengeschleudert, wie die Aeusserungen eines aus Feigheit ungehorsam gewesenen Offiziers? Dann aber wissen wir, dass Sackville ein ungebildeter Mann war, ja seinen eigenen schlechten Stil selbst gekannt hat, während jeder Brief, den Junius geschrieben, die feinste Kenntniss der englischen Sprache verräth. Weiter scheint es unmöglich, dass Sackville sich über die aufdringliche Neugierde des ihm angeblich ganz unbekannten Swinney beschwert haben würde, da der Genannte — wie wir mit Bestimmtheit behaupten dürfen — identisch mit dem gleichnamigen Verfasser eines Gedichts über die Schlacht von Minden und mit Sackville persönlich bekannt war, ja wahrscheinlich sein Hauskaplan gewesen ist. Ferner haben die Schotten, welche Mitglieder des Kriegsgerichts über Lord George Sackville waren, sämmtlich ihre Stimmen zu Gunsten des Genannten abgegeben. Es lag also gar kein Grund für ihn vor, die Schotten mit dem glühenden Hasse zu verfolgen, den Junius überall äussert. Endlich — und das ist durchschlagend — war Lord George Sackville ein Freund Georg's III. Er verdankte diesem sogar eine vollständige Rehabilitirung nach der unter Georg II. ausgesprochenen schimpflichen Absetzung. Georg III. schämte sich nicht, einen cassirten Offizier erst unter die Mitglieder des Geheimen Raths, von dessen Liste ihn Georg II. gestrichen, wieder aufzunehmen, dann sogar zum Minister und endlich mit dem Titel eines Viscount Sackville unter dem heftigen Proteste der Lords ins Oberhaus zu berufen. Wie sollte dieser Mann, der Georg III. so vieles verdankte, zu dem Hasse gegen den König gekommen sein, den Junius in seinen öffentlichen und nicht minder in den an Woodfall gerichteten Privatbriefen offenbart?

So müssten wir denn an der endlichen Lösung des Räthsels verzweifeln, wenn nicht eine Reihe gewissenhafter Untersuchungen uns wirkliche Aufschlüsse gegeben hätte.

In diesem Jahrhunderte, im Jahre 1813 zuerst[1] und dann in einer ausführlichern Schrift, welche 1816 unter dem Titel: „*The identity of Junius with a distinguished living character established*" erschien, trat ein Mr. John Taylor mit einer sorgfältig begründeten völlig neuen Vermuthung auf, die er auf die von Woodfall's Sohn im Jahre 1812 veröffentlichten Privat- und unter andern Pseudonymen geschriebenen Briefe des Junius gründete. In dieser Junius-Ausgabe waren ziemlich willkürlich und kritiklos eine Menge pseudonymer unter den verschiedensten Namen erschienener Correspondenzen des *Public Advertiser* zusammengetragen und von dem Herausgeber Junius zugeschrieben worden. Sie bezeugen alle die leidenschaftliche Erregung jener Tage und sind deshalb für die Zeitgeschichte nicht uninteressant. Auch lässt sich von manchem dieser Briefe nach Stil und Gesinnung wohl annehmen, er könne von Junius herrühren, zumal da dieser selbst Woodfall gesteht, er ändere öfter

---

[1] A discovery of the author of the letters of Junius.

seine Signatur. Aber nur bei sehr wenigen lässt sich mit Sicherheit nachweisen, dass sie von Junius selbst herrühren, und nur auf diese durfte sich demnach die Untersuchung über den wirklichen Verfasser der Briefe des Junius stützen.

In der letzten Zeit der schriftstellerischen Thätigkeit des Junius war im *Public Advertiser* eine sehr heftige Polemik gegen den damaligen Kriegsminister Lord Barrington unter dem Namen Veteran[1], Nemesis[2] und Scotus[3] eröffnet worden. Aus den an Woodfall gerichteten Privatbriefen des Junius geht nun mit voller Bestimmtheit hervor, dass auch hinter diesen Pseudonymen sich Junius versteckt: er hat die gedachten in seiner charakteristischen Handschrift geschriebenen Briefe selbst an Woodfall geschickt und in den begleitenden Zeilen seinem durchaus persönlichen Hasse gegen den Kriegsminister Luft gemacht.[4] In diesen Briefen wird neben Fragen allgemeinern Interesses insbesondere mit grosser Animosität von der Beförderung eines Mr. Chamier oder Tony Shammy, wie ihn Junius gewöhnlich nennt, zum *Deputy Secretary at war* gesprochen. Der anscheinend keineswegs unbedeutende oder verächtliche Mann wird in beleidigendster Weise verspottet, als ein Börsen-

---

[1] Junius, a. a. O., vol. II. Miscellaneous letters ascribed to Junius. Letter 105, 107—110.

[2] A. a. O., Letter 113,

[3] A. a. O., Letter 111.

[4] A. a. O. Private letters to Mr. Woodfall, Nr. 52, 61, 62.

spieler und Geldagent von dunkler Vergangenheit dargestellt, Lord Barrington aber, den Junius in einem seiner letzten Privatbriefe an Woodfall das schwärzeste Herz im Königreiche nächst dem Herzog von Grafton nennt, aufs heftigste wegen der Auszeichnung angegriffen, die er dem Genannten habe zutheil werden lassen. Ebenso leidenschaftlich wie Veteran die Beförderung Chamier's tadelt, tritt er für einen Mr. D'Oyly ein, welcher, wie wir aus andern Quellen wissen, im Jahre 1763 zum *Deputy Secretary at war* ernannt, aber Anfang des Jahres 1772 von Lord Barrington verabschiedet worden war, um Chamier Platz zu machen. Und endlich fragt Veteran: woher es komme, dass Lord Barrington, nicht zufrieden, Mr. D'Oyly aus dem Kriegsministerium vertrieben zu haben, zum Schlusse auch Mr. Francis gezwungen habe, seinen Abschied zu nehmen. Das Publikum habe ein Recht darauf, zu erfahren, weshalb diese beiden Männer trotz ihres tadellosen Charakters entlassen worden seien, und es sei deshalb wünschenswerth, dass Francis und D'Oyly Auskunft über die Vorgänge im Kriegsministerium gäben.

Der Umstand, dass diese beiden politisch unwichtigen und überdies unbekannten Personen von dem mit Junius identischen Veteran genannt wurden, erregte die Aufmerksamkeit Taylor's. Bisher hatte sich Junius nur mit den wichtigsten Tagesfragen und mit hervorragenden Personen beschäftigt und nun versuchte er plötzlich, wenn auch unter dem Namen Veteran die indifferente Thatsache, dass ein Mr. Chamier an Stelle eines Mr. D'Oyly *Deputy Secretary at war* geworden war und ein Mr. Francis seine Entlassung erhalten oder genommen habe, zur Grundlage einer politischen Polemik zu machen. Weiter musste es auffallend erscheinen, dass Junius in diesem Streite sich seines berühmt gewordenen Namens nicht bediente, sondern den Namen Veteran annahm und überdiess Mr. Woodfall um sorgfältige Geheimhaltung des Autors, d. h. darum bat, die Identität Veteran's und Junius' zu verschweigen, angeblich, weil so unbedeutende Geschöpfe wie Barrington und Chamier Junius' edeln Zornes nicht werth seien. Auch macht es den Eindruck, als sei Junius nicht ehrlich, wenn er, wahrscheinlich um dem Staunen Woodfall's über die Leidenschaftlichkeit, mit der er die Sache Francis' und D'Oyly's zu vertreten gesonnen war, vorzubeugen, beim Beginn des Streits mit Lord Barrington an seinen Verleger schrieb, er habe sich, da er im Augenblicke nichts Besseres zu thun habe, zu seiner Unterhaltung vorgenommen, Lord Barrington zu quälen. Schliesslich fällt der Widerspruch auf, in dem sich Junius in diesen Briefen bewegt: er fordert D'Oyly und Francis auf, die Gründe ihrer Entlassung dem Publikum mitzutheilen, führt aber selbst eine ganze Reihe muthmasslicher Gründe an, die sämmtlich aus der Individualität des Kriegsministers und der beiden entlassenen Beamten hergenommen sind und eine ebenso genaue Bekanntschaft mit diesen wie mit Mr. Chamier zu verrathen scheinen. In dem dritten Briefe Veteran's an Lord Barrington vom 27. Februar 1772 schildert Junius sogar in dramatischer Form eine Begegnung Mr. Chamier's, den er hier Waddlewell nennt, mit Barrington auf dem Kriegsministerium, um die zuvorkommende Artigkeit des sonst als hochmüthig berüchtigten und von Junius selbst getadelten Ministers gegen den gefälligen Chamier zu persifliren.

Alles das macht in so hohem Grade den Eindruck, als stehe die bei aller Leidenschaftlichkeit sonst so stolze und geistvolle Feder des Junius unter dem Einflusse einer persönlichen Kränkung, als sei Junius so genau mit den agirenden Personen, mit den Stimmungen auf den Bureaux des Kriegsministeriums bekannt, und als sei er in die Interessen der beiden entlassenen Beamten so stark verwickelt, dass es nicht wundernehmen kann, wenn Mr. Taylor eine nahe Beziehung D'Oyly's oder Francis' zu dem Verfasser der Briefe des Junius und Veteran vermuthete. Infolge dieser Vermuthung ging Taylor an eine Handschriftenvergleichung und stiess auf eine entschiedene Aehnlichkeit zwischen der Handschrift des Junius und derjenigen des Mr. Francis. In seiner ersten der Junius-Frage gewidmeten Abhandlung glaubte Taylor deshalb annehmen zu müssen, der als Gelehrter und vor allem als politischer Schriftsteller oft genannte und mit den meisten Staatsmännern jener Zeit genau bekannte Dr. Francis, der Vater des entlassenen Beamten dieses Namens, sei der wirkliche Junius gewesen, und der jüngere Francis habe ihm durch seine Mittheilungen, durch das Abschreiben und endlich durch die Besorgung der Briefe gedient. Die häufige Bezugnahme des Junius auf sein Alter, seine langen Erfahrungen veranlasste Taylor zu dieser Hypothese, obgleich das, was wir sonst von dem ältern Francis wissen, wenig zu der Individualität und den Ansichten passt, die uns Junius' Briefe offenbaren. Der ältere Francis hatte charakterlos zwischen den verschiedenen Parteien hin- und hergeschwankt und war endlich noch vor dem Auftreten des Junius zu der Partei Lord Bute's übergegangen. Auch änderte Taylor seine Vermuthung in seiner zweiten Schrift dahin ab, dass er den jüngern Francis und nur diesen für den Verfasser der Briefe erklärte. Dieser, damals als Taylor seine Entdeckung machte, ein hoher Beamter ausser Dienst und wegen des ihm verliehenen Bath-Orden in den Ritterstand erhoben, allgemein bekannt durch seine Leidenschaftlichkeit, seine Rachsucht, seinen Stolz, seine classische Bildung und seinen glänzenden Witz, entsprach durchaus dem Bilde, das man von Junius sich machen musste. Auch gab die Schreib- und Redeweise des alten Sir Philipp Francis den stärksten Anhalt für die Vermuthung, er habe als junger Mann die Briefe des Junius geschrieben.

Aber mehr noch als durch diese Aehnlichkeit der Individualität des Junius und des Sir Philipp

Francis und der Handschriften beider wurde Taylor's Hypothese durch den Umstand unterstützt, dass eine längere Pause in Junius' Correspondenz mit Woodfall genau zusammenfällt mit der Dauer eines Besuchs, den Francis in derselben Zeit seinem schwer erkrankten Vater in Bath machte. Ferner trifft das Schweigen des Junius vom Frühjahre 1772 an genau zusammen mit einer damals von Francis nach dem Continent unternommenen Reise, und endlich war auch Francis wieder zurück, als Junius in der Mitte des Januars 1773 dauernd von Woodfall Abschied nimmt. Schliesslich erklärt sich das gänzliche Verschwinden des Junius nach diesem Briefe durch die im Jahre 1773 beschlossene Versetzung des Mr. Francis auf einen hohen Posten in Ostindien, wohin er am 30. März 1774 abging. Weiter wird durch Francis' Stellung im Kriegsministerium die genaue Kenntniss der militärischen Verhältnisse, mit welcher Junius seine Leser überrascht, ebenso wie die ängstliche Sorgfalt verständlich, mit der er seinen Namen hinter einer undurchdringlichen Maske zu verstecken suchte. Auch ist bei Francis die stets aufgefallene Schonung begreiflich, mit welcher Lord Holland und sein Sohn, Charles Fox, selbst als dieser Junius heftig angegriffen hatte, von letzterm behandelt werden: Francis' Vater war Hausgeistlicher bei Lord Holland gewesen und dieser hatte Francis selbst in den Staatsdienst gebracht.

Alle diese Argumente konnten aber noch nicht

als beweisend angesehen werden. Erst in allerneuester Zeit sind sie so verstärkt worden, dass wir nicht mehr anstehen können, mit Macaulay, Lord Mahon, Sir James Mackintosh u. a. Sir Philipp Francis auf das bestimmteste für Junius zu erklären.

Durch eine sorgfältige Vergleichung der Handschrift des Junius und des Sir Philipp Francis hat sich die Identität beider mit Gewissheit ergeben.[1] Die verstellte Handschrift des Junius trägt die unzweideutigen Zeichen der Aehnlichkeit mit derjenigen des Francis an sich. Wenn Junius sich aber vergisst, schreibt er ganz so wie Francis, und als Beweis dafür, dass diese Gleichheit mit der Handschrift des Francis nicht eben eine andere Verstellung ist, dient der Umstand, dass Junius die allzu sehr in der Weise des Francis geschriebenen Worte wegzuradiren und mit demselben Worte aber in der Schrift des Junius zu bedecken versucht hat. Hierzu kommt das gleiche Wasserzeichen im Papier der Briefe beider, ja der übereinstimmende Schnittrand bei zwei in derselben Zeit geschriebenen Briefen des Junius und des Francis. Zur vollen Evidenz wird der Beweis endlich dadurch erhoben, dass Miss Giles, eine junge Dame in Bath, bei ihrer Hochzeit im Januar des Jahres

---

[1] Vgl. The handwriting of Junius professionally investigated. By Mr. Charles Chabot, Expert. With, preface and collateral evidence. By the Hon. Edward Twisleton (London 1871). S. darüber Quarterly Review, Vol. 130. 1871.

1772 ein Gedicht mit einem anonymen Billet empfing, das sie Philipp Francis, einem warmen Verehrer ihrer Schönheit, zuschrieb. Die dieses Gedicht begleitenden Zeilen waren in der Handschrift des Junius geschrieben; das Gedicht selbst aber hatte ein Freund Francis', Namens Tilghman abgeschrieben, wie sich durch Vergleichung der Handschrift des Gedichts mit derjenigen einiger im Nachlasse Sir Philipp's vorgefundener Briefe Tilghman's mit vollständiger Gewissheit herausgestellt hat. Endlich wird aber auch der letzte Zweifel, der etwa aus der Anonymität der ganzen Sendung entstehen und sich auf eine zufällige Aehnlichkeit der Handschriften und eine irrige Vermuthung der Miss Giles gründen könnte, vollständig niedergeschlagen: Ein Epigramm, das Francis auf seiner italienischen Reise im Jahre 1772 gedichtet und eben demselben Freunde Tilghman geschickt hatte, war von diesem nicht für eine Erfindung, sondern für eine Nachahmung Pope's erklärt worden. Francis protestirte gegen diese Behauptung, und Tilghmann, um seinen gekränkten Freund zu besänftigen, antwortete, er halte zwar an seiner frühern Meinung fest, aber es falle ihm nicht ein, Francis' poetische Erfindungsgabe in Zweifel zu ziehen, und fügt zum Beweise hierfür die ersten Verse aus dem von ihm abgeschriebenen, von Francis an Miss Giles geschickten Gedichte[1] bei.

[1] Die beiden Briefe Richard Tilghman's finden sich in Memoirs of Sir Ph. Francis. vol. I. Appendix, p. 451, 452 und 455.

Francis selbst hat die Taylor'sche Hypothese bei seinen Lebzeiten für eine boshafte und alberne Verleumdung erklärt[1], aber ohne die Anhänger der Francis-Theorie von dieser abzubringen. Vielmehr warteten die Gelehrten der Junius-Frage mit Spannung auf seinen Tod, weil sie es für unmöglich hielten, dass jemand ein solches Geheimniss mit ins Grab nehmen werde. Als Francis am 23. December 1818 in seinem 79. Jahre starb und kein Zeichen von seiner Autorschaft gegeben hatte, begann man daher von neuem zu zweifeln, ob er Junius gewesen. Aber Francis hat ein Zeichen gegeben, das seine Gemahlin auch mitgetheilt hat: Sir Philipp hatte sich in hohem Alter noch einmal vermählt und seiner Braut als seltsames Brautgeschenk ein Exemplar der Briefe des Junius mit der Bitte übergeben, es niemand zu zeigen, auch mit niemand darüber zu sprechen, und als er gestorben war, fand man in seinem Schreibtisch ein versiegeltes an Lady Francis adressirtes Packet, dessen Inhalt die Schrift Taylor's über die Identität des Junius und des Sir Philipp Francis war.[2]

Wir bedürfen jetzt dieses Geständnisses nicht mehr, um an Francis' Autorschaft zu glauben; aber wir berufen uns gern darauf, dass auch Francis selbst mit klarer bewusster Absicht einen Ring in die

---

[1] JUNIUS, a. a. O., II, XXXV.

[2] Lord MAHON, a. a. O., vol. V. Appendix: Authorship of Junius, p. 379. JUNIUS, a. a. O., II, LXXII.

lange Kette des schwierigen Beweises seiner Identität mit Junius gefügt hat: er hinterliess den Seinigen ein Geschenk, das mit Nothwendigkeit die Ueberzeugung hervorbringen musste, der neunundsiebzigjährige Greis habe endlich die Maske abgeworfen, die er seit funfzig Jahren getragen. Dann aber entspricht dieses Vermächtniss so durchaus dem eigenthümlichen Manne, der nie die Lust oder den Muth hatte, seinen Ruhm zu geniessen, dass wir es nicht übergehen durften. Nur mit einem leisen geheimnissvollen Wink hat Francis angedeutet, welchen gefürchteten Namen er einst geführt. Was er dem englischen Volke versprochen, hat er wörtlich gehalten: er hat sein Geheimniss mit in das Grab genommen. Erst nach seinem Tode machte er es den Seinigen möglich, zu errathen, wer ihr Vater und Gatte gewesen. Mochte es dann auch die Welt erfahren, dass der leidenschaftliche Mann, der einst ganz England erschütterte, endlich zur Ruhe gegangen.

VI.

Sir Philipp Francis.

Nicht blos der eigenthümliche Abschied des alten Sir Philipp vom Leben, auch dieses Leben selbst entspricht durchaus der Vorstellung, die wir mit einem Junius verbinden.[1]

Obgleich schon auf der St.-Paulsschule für den fähigsten Schüler erklärt und kaum sechzehnjährig durch die Gunst des Lord Holland in eine untergeordnete Stellung im Staatssecretariate gebracht, war der junge Francis in seiner Laufbahn doch nur langsam vorgerückt. Seine Talente waren nicht unbemerkt geblieben: er ist einmal als Secretär bei einer militärischen Expedition, dann wieder in gleicher Weise bei einer Gesandtschaft verwandt worden. Auch suchte er sich durch ein allerdings regelloses Privatstudium für höhere Stellungen vor-

[1] Vgl. Memoirs of Sir Philip Francis, K. C. B. With Correspondence and journals. Commenced by the late Joseph Parkes, Esq., completed and edited by Herman Merivale, M. A. 2 vols. (London 1867.)

zubereiten und hat in der langen Zeit, in der er erst als Schreiber auf dem Staatssecretariate, dann als *first clerk* auf dem Kriegsministerium mit geisttödtenden Arbeiten sich abquälte, die juristischen und historischen Kenntnisse sich angeeignet, durch welche er als Junius später geglänzt hat. Die bescheidenen Verhältnisse seines Vaters, seine eigene frühe Heirath mit einem armen Mädchen und eine schnell wachsende Familie hielten ihn auf einem Posten fest, der ihm nicht genügte, ja der ihn zwang, einer von ihm selbst misachteten Politik zu dienen. Da ist er denn auf den Ausweg gekommen, seinem verhaltenen Unwillen in der Presse Luft zu machen oder auch anonym diesem oder jenem Staatsmann seine politischen Meinungen vorzutragen: so hat er am 2. Januar 1768 dem Lord Chatham einen anonymen Bericht über das damalige Ministerium zugesandt, in welchem er seine aufrichtige Verehrung für den grossen Staatsmann ausspricht und erklärt, dass nur durch Lord Chatham's Geist und Fähigkeiten das Land gerettet werden könne.[1] In gleicher Weise scheint er im Laufe des Jahres 1768 mit George Grenville correspondirt zu haben[2], bis er endlich unter dem Pseudonym des Junius, von welchem er zuerst in einem unbeachtet gebliebenen Briefe vom 21. November 1768 Gebrauch gemacht hat, die grössten Erfolge erlangte.

1 Correspondence of the Earl of Chatham, III, 302.
2 Memoirs of Sir Philip Francis, I, 201, 214, 219.

Dass er das Naturell hatte, um die Briefe des Junius schreiben zu können, hat niemand bezweifelt, der den leidenschaftlichen Mann kannte: stark in seiner Liebe, aber noch stärker in seinem Hasse ist Francis sein Leben hindurch gewesen. Aber auch die genaue von Junius entwickelte Kenntniss der leitenden Staatsmänner, ihres öffentlichen wie privaten Lebens erklärt sich aus Francis' eigenthümlichen Verhältnissen. Sein Vater, obgleich Geistlicher, beschäftigte sich doch hauptsächlich mit Politik und war in das Parteitreiben jener Tage vollständig eingeweiht, auch den meisten unter den massgebenden Personen insbesondere der königlichen Partei genauer bekannt. Durch ihn hat Francis viele Mittheilungen empfangen, die er als Junius verwerthet hat. Durch ihn hat er auch Draper und Garrick kennen gelernt, und so erklärt sich vielleicht die Furcht des Junius, der letztere könne ihn entdecken. Noch mehr Nachrichten und Geklatsch verdankt Francis seinem und seines Vaters Freunde Calcraft, einem reich gewordenen Armeelieferanten, der lange Zeit das eigentliche Factotum der königlichen Partei gewesen war und unter dem Ministerium Bute an der Spitze der Militärintendantur gestanden hatte, dann aber, als die ersehnte Pairie ihm nicht zutheil wurde, zu der Opposition übergegangen war und mit besonderm Behagen und stets gleicher Gehässigkeit von den Lastern und Sünden seiner frühern Parteigenossen sprach. Das Verhältniss zwischen ihm und dem jüngern Francis scheint ein sehr intimes gewesen zu sein: wie Francis von Calcraft mancherlei erfuhr, so berichtete auch Francis Calcraft über politische Vorgänge und Neuigkeiten. So hat sich in den Papieren des Lord Chatham eine kurze Mittheilung von Francis an Calcraft gefunden, die dieser sofort an den Lord Chatham geschickt hatte.[1] Auch ist Francis durch seinen Vater in die gesellschaftlichen Kreise des Holland-House gezogen worden, in dem der politisirende Reverend sich anscheinend täglich bewegte, bis er sich Lord Bute anschloss. Mag der junge Clerk vom Kriegsministerium auch oftmals vollständig übersehen worden sein, er selbst hatte sicher die Augen offen, wenn er in dem vornehmen Salon eines Gönners und Parteigenossen seines Vaters den Staatsmännern begegnete, die er so tief innerlich hasste. Seine genaue Kenntniss der militärischen Verhältnisse endlich, die Junius entwickelt, erklärt sich zwanglos aus Francis' Stellung im Kriegsministerium. Und aus dieser selben Stellung und der Nothwendigkeit, sie sich zu bewahren, erklärt sich die Verschwiegenheit, die er nicht blos dem grossen Publikum, die er auch seinem Vater, seiner Gattin, seinen Freunden gegenüber ununterbrochen beobachtet hat.

Leider ist Francis gleich schweigsam hinsichtlich seiner Entlassung aus dem Kriegsministerium. Allerhand unverbürgte Mittheilungen haben be-

---

[1] CHATHAM, Correspondence, III, 444.

hauptet, Junius sei endlich entdeckt worden, das Ministerium aber, durch den Process gegen Wilkes gewarnt und besorgt, das Ansehen des Junius werde durch eine öffentliche Anklage noch wachsen, habe beschlossen, ihn nicht zu verfolgen, wenn er das Versprechen fernern Stillschweigens gäbe. So weit hergeholter Gründe bedarf es aber gewiss nicht, um Francis' Entlassungsgesuch zu erklären. Würde Francis versucht haben, durch Veteran's Briefe dem Kriegsminister geradezu ein öffentliches Geständniss über die Gründe abzunöthigen, aus denen Francis und D'Oyly entlassen worden, wenn Francis damals schon aus Lord Barrington's eigenem Munde erfahren hätte, die Regierung habe in ihm den wirklichen Junius erkannt? Nöthigte Francis die Regierung, den Namen des Junius zu nennen, so nöthigte er sie auch, ihn zu verfolgen, und wünschte er trotzdem die Maske wegzuwerfen, warum that er es nicht selbst? Dann fallen die Besorgnisse des Junius, entdeckt zu werden, gerade in die Zeit, welche unmittelbar der Entlassung des Francis folgt. Was aber hätten diese Besorgnisse noch für einen Sinn gehabt, wenn Francis bereits gewusst, dass er entdeckt worden sei? Auch der Abschluss der Originalausgabe der Briefe, die Briefe Veteran's, Nemesis' und Scotus' sind nach seiner Entlassung geschrieben, und bei allen diesen Zusendungen, ebenso wie beim Empfange der Woodfall'schen Mittheilungen schärft Junius ängstlich Vorsicht und immer wieder Vorsicht ein. Am

24. Januar 1772 schreibt Francis einem Verwandten von der Unterredung mit Barrington, auf Grund deren er nach Ablauf des ersten Quartals des Jahres 1772 sein Amt verliess. Am 3. März 1772 schreibt aber Junius an Woodfall, er habe sich nur deshalb drei Freiexemplare der gesammelten Briefe ausgebeten, weil er fürchten müsse, es werde auffallen, wenn er so viele Exemplare kaufe, und zwei Tage später beschwert er sich, die Schwierigkeiten seiner Correspondenz mit Woodfall wüchsen immer mehr. Der letzte an Woodfall gerichtete Privatbrief des Junius ist vom 10. Mai 1772, und bis zu diesem ist Junius immer gleich ängstlich und vorsichtig gewesen. Lässt sich das auch nur einigermassen verstehen, wenn Francis schon damals entdeckt und ihm mit gerichtlicher Verfolgung gedroht worden wäre, falls er sich nicht ruhig verhalte? Schliesslich ist den rohen Wuthausbrüchen Veteran's gewiss mehr innere Wahrhaftigkeit zuzutrauen, als manchem der ausgefeilten Briefe des Junius, und alle Anklagen Veteran's gegen Lord Barrington in D'Oyly's und Francis' Angelegenheit kommen auf die Zurücksetzung dieser beiden und die Begünstigung Chamier's und eines gewissen Bradshaw durch den Kriegsminister hinaus. Wir müssen uns deshalb wol mit der einfachsten Erklärung genügen lassen, dass nämlich die Gründe der Entlassung D'Oyly's und Francis', welche Veteran in seinen Briefen an Lord Barrington angibt, die richtigen sind: D'Oyly musste einem Günstling des

Kriegsministers weichen, und Francis folgte seinem Freunde nach, mag der heftige und häufig masslose Mann sich nun mit Barrington wegen D'Oyly's oder, was nicht unmöglich erscheint, deshalb überworfen haben, weil er selbst lange Zeit hindurch in derselben untergeordneten Stellung vom Kriegsminister festgehalten worden war.

Hiernach erscheint die Annahme unzulässig, Francis sei schon Ende 1771 oder Anfang 1772 als Junius erkannt und dadurch genöthigt worden, seine Entlassung zu nehmen. Vielmehr ist Junius zu jener Zeit sicherlich noch durchaus unerkannt gewesen, und nur das ist zuzugeben, dass Junius' immer wachsende Aengstlichkeit in der letzten Zeit seiner Correspondenz auf eine ihm bekannte energische Verfolgung schliessen lässt. Auch kann wol aus innern Gründen weiter vermuthet werden, dass Francis fürchtete, Barrington werde in den leidenschaftlichen Briefen des Veteran, Scotus und der Nemesis den entlassenen Beamten des Kriegsministeriums erkennen, obgleich wir nicht den geringsten Anhalt für die Annahme haben, dass Barrington wirklich eine solche Vermuthung gehabt habe. Endlich dürfen wir auch aus der Beendigung der Briefe des Junius nicht auf eine angebliche Drohung Lord Barrington's schliessen; denn die Absicht, wenigstens unter Junius' Namen zunächst nicht weiter zu schreiben, ist von Junius mehrfach ausgesprochen worden; sie ist stillschweigend auch in der von Junius schon im Herbste des Jahres

1771 beschlossenen Gesammtausgabe der Briefe enthalten; sie klingt durch die Widmung der Briefe an das englische Volk, die Vorrede, die Nachschrift des letzten Briefs hindurch, und das Versprechen des Junius, die Nation noch oft an ihre Rechte und Aufgaben erinnern zu wollen, kann deshalb wol nur die Bedeutung haben, dass Junius sein letztes Wort noch nicht gesprochen haben wolle.

Dass schliesslich Francis nach seiner Rückkehr aus Italien, also nach mehr als halbjähriger Pause trotz der Aufforderung Woodfall's nicht wieder als Schriftsteller auftrat, kann ebenso wenig wie der Wechsel seines Pseudonyms nach seiner Amtsentlassung darauf zurückgeführt werden, dass er entdeckt worden sei und man ihm Straflosigkeit zugesichert habe, wenn er künftig schweigen wolle. Denn wenn die Regierung nicht während der Correspondenz des Junius mit Woodfall den Mann entdeckte, der hinter dem Namen des Junius sich verbarg, so bot die Zeit, in welcher Junius schwieg, nicht den geringsten Anhalt für eine Entdeckung. Woodfall hat die Privatbriefe des Junius überhaupt niemals veröffentlicht; erst sein Sohn hat sie im Jahre 1812 publicirt. Woodfall hat also zu der Entdeckung seines alten Mitarbeiters nicht das Geringste beigetragen. Der Beweis der Identität Veteran's und Junius', der nur durch die Privatbriefe des letztern erbracht werden kann, und der erst Taylor's Hypothese möglich machte, war zu jener Zeit also gar nicht denkbar, und hätte selbst Lord Barrington den Verfasser der Briefe des Veteran entdeckt, dass er damit auch Junius entdeckt habe, würde er sicherlich nicht geahnt haben. Zwar ist behauptet worden, Georg III. habe in dieser Zeit — im Jahre 1772 oder 1773 — auf einem Spazierritte seinem Begleiter erklärt: „Wir wissen, wer Junius ist; aber er wird nicht mehr schreiben." Allein diese Aeusserung Georg's III. beruht lediglich auf Hörensagen und findet nicht die leiseste Unterstützung durch irgendeine andere Nachricht aus zuverlässigen Quellen. Selbst das Jahr, in dem sie gethan worden sein soll, ist unsicher, und wir müssen deshalb Macaulay uud Mahon beistimmen, wenn sie die ganze Erzählung schlechthin verwerfen.

Wenn Junius also nach seiner Rückkehr aus Italien nicht wieder zu schreiben begann, so darf auch dies nicht auf seine angeblich inzwischen erfolgte Entdeckung zurückgeführt werden; denn eine solche hat nicht stattgefunden. Vielmehr glauben wir in der tiefen Niedergeschlagenheit, die sich in Junius' Abschiedsbrief an Woodfall ausspricht, den Grund seines fernern Schweigens finden zu müssen. Junius hatte sich, wie wir aus mehrern seiner Privatbriefe wissen, mit der Hoffnung getragen, er werde einst durch seine Thaten seine Lehren verwirklichen können. George Grenville hatte er sogar in einem Privatbriefe aus dem Jahre 1768 angekündigt, dass er sich ihm zu geeigneter Zeit, d. h. doch wol dann nennen werde, wenn Grenville wieder an die Spitze der Regierung gelange. Als Francis aus Italien zurückkehrte, stand er allein: sein bejahrter und einflussreicher Freund Calcraft, der eine ausserordentlich hohe Meinung von Francis' Fähigkeiten hatte, war gestorben, der greise Chatham, dessen politischer Berichterstatter in den letzten Jahren Calcraft gewesen, war weiter denn je von der Aussicht entfernt, an die Spitze der Verwaltung berufen zu werden. Francis hatte seinen Gönner und seine Hoffnungen verloren; sein Ehrgeiz konnte auf keine Befriedigung rechnen. Zwar hatte ihm Calcraft seinen Sitz im Unterhause vermacht; aber Francis war ausser Stande, ihn einzunehmen. Geldsorgen der schwersten und drückendsten Art lasteten auf ihm; er fühlte, dass er seinen Freunden zur Bürde geworden. Die verzweifelte Bitterkeit, die wir in den letzten Worten des Junius finden, gibt sonach nur der Stimmung Ausdruck, die damals Francis nach seinen eigenen Angaben beherrschte. Er entschloss sich sogar zu einer Auswanderung nach Amerika. An Europa band ihn nichts mehr: sein Vater war gestorben, seine Mutter hatte er schon in früher Jugend verloren. Nur wenige Freunde waren ihm geblieben; von ihnen war sein Schwager bereits nach Amerika gegangen. Diesem hatte er schon früher den Auftrag ertheilt, für ihn ein Stück Land zu kaufen, damit, wie Francis selbst sich ausdrückt, er eine Freistätte jenseit des Oceans finden könne, wenn England je aufhören sollte, der Sitz der Freiheit zu sein. Jetzt glaubte Francis, es sei das beste, sofort nach Amerika überzusiedeln, statt zu warten, bis auch seine letzten Hülfsmittel erschöpft seien. In derselben Stunde aber, in welcher er diesen Entschluss gefasst hatte, wurde ihm mitgetheilt, in dem neu für Bengalen zu schaffenden Regierungscollegium, das Warren Hastings, den damaligen Generalgouverneur von Bengalen, in seiner Amtsführung sowol controliren als berathen sollte, sei eine Rathsstelle noch unbesetzt. Francis eilte sofort zu Lord Barrington und Lord North, um sich um diese Stelle zu bewerben und erhielt sie.

Der unerwartet rasche und glückliche Ausgang dieser Bewerbung hat schon damals ausserordentliches Aufsehen gemacht und musste später, als man um Francis' Geheimniss wusste, die Aufmerksamkeit in höchstem Masse auf sich ziehen. Francis war Anfang des Jahres 1772 aus dem Kriegsministerium ausgeschieden, anscheinend, weil ihm ein anderer vorgezogen worden war. Er war dort im Besitze einer bescheidenen Stellung gewesen, eines *clerkship* mit etwa 400 Pfd. St. Gehalt, und nun machte derselbe entlassene Beamte nach Jahresfrist durch die Gunst desselben Ministers, dessen Ungunst ihn aus seinem frühern Posten vertrieben, den ungeheuern Sprung zum Mitgliede des *Council of Bengal*, zu einem der höchsten Posten im indischen Dienste mit einem Einkommen von mehr als 10000 Pfd. St.! Dass die Zeitgenossen, dass die Freunde des damals vierunddreissigjährigen Mannes sich über diese Auszeichnung wunderten, dass die

Ostindische Compagnie sich beschwerte, man habe einen Schreiber aus dem Kriegsministerium neben einem General und einem Obersten in die höchste Regierungsbehörde von Ostindien ernannt, dass man nach allerhand heimlichen Vorgängen forschte, durch welche dieser ausserordentliche Vorgang erklärt werden könne, und dass ein halbes Jahrhundert später besonders diejenigen dies thaten, welche Francis mit Junius für identisch hielten, wird niemand verwundern.

Und dennoch sind wir auch hier fest überzeugt, dass die Briefe des Junius nicht das Geringste mit dieser Beförderung zu thun haben. Hält man zunächst nur daran fest, dass Lord Barrington von den Beziehungen seines frühern Clerk zu Veteran und Junius nicht das Geringste wusste, dass Woodfall über die Identität von Veteran und Junius, die allenfalls auf den wirklichen Verfasser hätte schliessen lassen, bis zu seinem Tode schwieg, dass, nachdem Junius zu schreiben aufgehört hatte, die Möglichkeit ihn zu entdecken, sich eben nur auf Junius' Briefe an Woodfall hätte gründen können, diese aber niemand bekannt waren, so ist die Annahme, das Ministerium habe Francis durch eine hohe Stellung in Indien zum Schweigen gebracht, schlechthin unmöglich. Und diese Behauptung wird noch dadurch unterstützt, dass der Posten im bengalischen Rathe, den Francis erhielt, erst zwei andern Personen, Burke und Cholwell, von der Regierung angeboten worden war, welche beide ablehnten. Die Regierung hat also den Posten, welchen man häufig als den Preis betrachtet, für den der ehemalige Junius seine Feder verkauft habe, zu einem solchen Geschäfte gar nicht benutzen wollen noch können: sie hat ihn Francis überhaupt nicht angeboten und ist nur dadurch auf den frühern *first clerk* des Kriegsministeriums gekommen, dass dieser sich selbst um das vacante Amt bewarb. Vielleicht würde selbst diese Bewerbung, wie wir Francis gewiss glauben dürfen, ihm nicht zu der Stellung verholfen haben, hätte Cholwell nicht erst wenige Tage, bevor die *India Regulating Act* und in dieser die Liste der für den bengalischen Rath vorgeschlagenen Mitglieder im Parlamente zur Verhandlung kommen sollte, seine Ablehnung angezeigt und dadurch das Cabinet in eine Verlegenheit gebracht, aus welcher Francis' Meldung dasselbe schnell befreite. Das ganze Benehmen der Regierung in dieser Angelegenheit lässt also die Deutung durchaus nicht zu, sie habe um das Geheimniss des Francis gewusst und ihn durch ein glänzendes Anerbieten von seiner publicistischen Thätigkeit abbringen wollen.

Sonach bliebe nur die Möglichkeit, dass Francis, um die Stellung zu erhalten, der Regierung, und zwar wie behauptet worden ist, Lord North als dem eigentlichen Schöpfer des Gesetzes über die neue Einrichtung der ostindischen Verwaltung, das dieser bis dahin unbekannte Geheimniss selbst enthüllt und als Preis für sein ferneres Schweigen die indische Stellung verlangt habe. Diese Vermuthung aber erscheint uns schlechthin unhaltbar. Hätte die Regierung um den wirklichen Urheber der Briefe des Junius gewusst und ihm selbst einen Vergleich angeboten, so wäre dessen Annahme zwar auch für Junius schimpflich gewesen, aber die Regierung hätte doch ebenso wie er über das Geschäft schweigen müssen, weil sie durch dasselbe ihre ganze Furcht vor dem gewaltigen Namen des Junius und ihre eigene Schwäche in einer geradezu compromittirenden Weise verrathen haben würde. Anders wäre ihre Stellung gewesen, wenn Francis sich selbst ihr als Junius enthüllt und gegen das Versprechen, nicht mehr schreiben zu wollen, sich den indischen Rathsposten ausgebeten hätte. Die Verachtung des Publikums wäre dem entlarvten Junius sicher zutheil geworden, und der Regierung hätte diese Verachtung so werthvoll sein müssen, dass gar nicht abzusehen ist, weshalb sie hätte schweigen sollen.

Dazu kommt noch ein anderes. Mag es auch wunderbar sein, dass Francis plötzlich in eine so glänzende und hohe Stellung kam, es heisst doch, wie ein Gegner der Identität des Francis und Junius mit Recht sagt, das eine Wunder durch ein noch grösseres erklären, wenn man annimmt, Francis habe sich als Junius denuncirt und zur Belohnung dafür einen der höchsten Posten erhalten, den Krone und Parlament zu vergeben hatten. Hätte Francis wirklich seine ganze Vergangenheit verrathen, so wäre er mit einer heimlich gezahlten Pension, wie Georg III. sie massenhaft austheilte, abgefunden worden. Auf den Posten nach Indien aber würde man den verächtlichen Menschen nicht gebracht haben. Seine Furchtbarkeit hätte er durch seine Selbstanzeige verloren, und nicht die Regierung hätte sich vor der Fortsetzung seiner Briefe, sondern Francis hätte sich vor der Regierung fürchten müssen. Endlich wäre es doch in hohem Grade wunderbar, wenn von der Enthüllung eines so interessanten Geheimnisses auch nicht irgendwo in glaubhafter Form oder wenigstens gerüchtweise berichtet worden wäre. Francis' Name wurde nach seiner Versetzung nach Indien oft genannt, und es wäre wirklich ein unbegreifliches Mass von Verschwiegenheit der eingeweihten Personen gewesen, wenn auch nicht eine einzige von diesen Francis' berühmten Schriftstellernamen genannt oder in ihren Tagebüchern und Denkwürdigkeiten erwähnt hätte. Vor Taylor hat aber niemand auf Francis als den Autor der Briefe des Junius gerathen, und wir glauben, dass dies unmöglich gewesen sein würde, wenn schon im Jahre 1773 eine Reihe hochstehender Personen, die überdies keinen Grund zu besonderer Schweigsamkeit hatten, von der Identität des Junius und Francis unterrichtet gewesen wären.

Francis selbst hat von seiner Unterredung mit Barrington nur berichtet, derselbe habe ihm einen ausserordentlich warmen Empfehlungsbrief an Lord

North gegeben, und dieser nach einer gleichfalls sehr artigen Unterredung Francis' Namen in die Liste der Mitglieder des *Council of Bengal* aufgenommen; andere Interessen hätten zur willfährigen Aufnahme seines Gesuchs mitgewirkt, aber er schulde seinen Erfolg Lord Barrington allein. Worin diese andern Interessen bestanden, sagt Francis freilich nicht. Nach dem Gesagten können sie aber nicht das Interesse an dem fernern Schweigen des Junius gewesen sein. Auch geht durch den spätern Verkehr Barrington's mit Francis ein Zug gegenseitiger Achtung und offenen Zutrauens, der es schwer macht, an irgendeine unsaubere Abmachung zwischen beiden zu denken oder auch nur anzunehmen, Francis habe sich ihm als Junius oder doch wenigstens als Veteran zu erkennen gegeben. Und für das Gerücht, Francis habe nicht Lord Barrington, sondern Lord North sein Geständniss abgelegt, fehlt doch schlechthin aller und jeder Grund. Ob das Geheimniss darin liegt, dass Francis, wie auch behauptet worden ist[1], sich zu einem Geschäfte herbeiliess, das damals sehr oft abgeschlossen worden zu sein scheint, nämlich zu dem Versprechen, auf einen Theil des nominellen Gehalts zu Gunsten eines Schützling Lord Barrington's oder Lord North's zu verzichten — *to carry a rider* — ist schwer zu entscheiden. Jedenfalls lassen sich dieser Erklärung nicht die vorher angeführten Gründe entgegen-

---

[1] Memoirs, I, 328.

halten: kamen solche Verabredungen öfter vor, so mag Francis inmitten seiner pecuniären Sorgen nicht vor ihnen zurückgeschreckt sein. Doch ist dies nur eine Vermuthung, die sich auf eine anonym publicirte, auf Hörensagen beruhende und von demjenigen, der sie mittheilte, selbst als nicht nachweisbar bezeichnete Nachricht gründet. Die grossen von Francis in Indien von seinem Gehalte gemachten Ersparnisse scheinen einer solchen Abmachung sogar zu widersprechen. Sicher ist nur, dass Francis die Stelle erhielt, nachdem zwei andere, denen sie angeboten worden, sie abgelehnt hatten, dass Barrington vor Francis' Intelligenz und geschäftlicher Routine eine ausserordentliche Achtung hatte, dass er sich regelmässig seine Correspondenzen von Francis hatte entwerfen lassen, und dass er ihn endlich Lord North für den Posten im bengalischen Rathe empfahl. Es will uns vorkommen, als sei dies alles ausreichend zu der natürlichen Erklärung von Francis' schneller Beförderung. Nehmen wir noch dazu, dass zwei von den vier andern Mitgliedern des bengalischen Raths, General Clavering und Oberst Monson, ohne Fähigkeiten, Kenntnisse und Routine waren, so erscheint es noch weniger verwunderlich, dass die Regierung darauf bedacht war, wenigstens Einen tüchtigen Beamten ohne Rücksicht auf seine Familie und sonstige Stellung mitzusenden, damit das Collegium wirklich der bisher unbeschränkten Alleinherrschaft eines Warren Hastings entgegentreten könne. Aus eben diesem

Grunde hatte die Regierung die dritte, später an Francis vergebene Rathsstelle zuerst Edmund Burke angeboten, der Indiens Verhältnisse aus sorgfältigen Studien kannte und allenfalls der Mann war, um dem habgierigen Satrapenregimente Hastings' ein Ende zu machen. Selbst Georg III. hatte hinsichtlich Clavering's und Monson's erklärt, er wisse nicht das Geringste über ihre Qualification zu ihrem indischen Amte, er freue sich jedoch über die Ernennung des Mr. Francis, dessen Talente ihm jeder rühme.

Uns erscheint ebendeshalb bei genauer Betrachtung die Sache so seltsam nicht, und sollte auch wirklich ein Makel an der Art haften, auf welche Francis sein neues Amt erwarb, so ist doch unsere feste Ueberzeugung, dass, als er im Jahre 1774 nach Indien abging, das Geheimniss des Junius noch ebenso unenthüllt war, als es vordem gewesen.

In Indien [1] tritt nun erst die ganze Natur des unheimlichen Menschen hervor, der mit dem Bewusstsein, ein berühmter Mann zu sein und sich doch zu seinem Ruhme nicht bekennen zu dürfen, mit der Ueberzeugung, ein bedeutender Mann zu sein und doch in dem ganzen Umfang seiner Bedeutung von niemand gekannt zu werden, in fremde

---

[1] Vgl. ausser den Memoirs of Sir Ph. Francis, vol. II, ch. I, II, besonders den meisterhaften Aufsatz von Macaulay über Warren Hastings in seinen Essays.

und schwierige Verhältnisse eintrat. Seine Collegen waren gänzlich nichtssagende Menschen, die keinen oder doch nur vorübergehend einen unbedeutenden Einfluss auf die indische Verwaltung gewannen. Francis war der einzige, der sich, was seine Anlagen betraf, mit Warren Hastings messen konnte. Aber seine bekannten Leistungen bestanden in den Arbeiten eines talentvollen Subalternbeamten; seine epochemachenden Schriften kannte niemand als seine Werke. So musste das durch Junius' Ruhm hochgesteigerte Selbstgefühl des jüngsten Mitglieds des bengalischen Raths als die unberechtigte Arroganz eines eiteln Parvenus erscheinen. So sah Hastings, so sah die englische Gesellschaft in Indien das Gebahren des neuen Beamten an, der mit unerträglichem und scheinbar durch nichts gerechtfertigtem Hochmuthe vom ersten Tage seines Eintreffens an dem Statthalter Bengalens aufs schroffste entgegentrat. Man nannte ihn spottweise den König Francis oder Francis I.; die englische Bevölkerung trat entschieden auf die Seite Hastings'. Francis aber, seit Jahren mehr an Feindschaft als Freundschaft gewöhnt, liess sich durch die ihm fast überall entgegentretende Stimmung, durch die festgewurzelte Autorität des Statthalters nicht einschüchtern, sondern verfocht mit derselben leidenschaftlichen Heftigkeit, die er als Junius bewiesen, aber diesmal mit offenem Visir die Rechte der Indier gegenüber einer habgierigen, aber der Ostindischen Compagnie vortheilhaften Regierung, welche Verträge und Recht verachtend, wiederholt sogar vor dem Verbrechen nicht zurückgeschreckt war. Man meinte, Francis gefährde durch seine Opposition gegen Hastings die Sicherheit des englischen Reichs in Ostindien, und Hastings selbst, der früher Alleinherrscher gewesen und nunmehr blos erstes Mitglied eines Regierungscollegiums geworden war, in dem sein Gegner herrschte, fühlte sich überall gelähmt und gehindert. Alle Annäherungsversuche Hastings' wies Francis spröde zurück. Wahrscheinlich hatte Lord Clive, mit welchem Francis vor seiner Abreise nach Indien in intimen Verkehr getreten war, ihm seine eigene persönliche Abneigung gegen den Statthalter eingeflösst. Aber es ist doch auch wirkliche Theilnahme an den Geschicken der indischen Fürsten und Völker, die gerechte Empörung über die hinterlistigen Machinationen, durch welche Hastings das Herrschaftsgebiet der Ostindischen Compagnie auszudehnen bestrebt war, der natürliche Zorn über die offenen Gewaltthaten, zu deren Durchführung Hastings selbst den obersten englischen Gerichtshof in Indien zu benutzen vermochte, was Francis zu einer immer gleichmässigen, nie ruhenden Opposition und Agitation gegen Hastings trieb. Dazu kam Francis' fester Glaube an seine politische Befähigung: er wollte jetzt, nachdem er endlich zu einer herrschenden Stellung emporgestiegen war, von seiner Macht den umfassendsten Gebrauch machen. Er wollte die ganze indische Verwaltung rücksichtslos reformiren und kümmerte sich dabei nicht im geringsten um die Krämerinteressen, welche die Ostindische Compagnie und nicht minder Hastings in ihrer indischen Politik leiteten. Endlich dürfen wir dem ehrgeizigen Francis nicht blos die reinen Triebfedern unterlegen, die später, als er nach England zurückkehrte, Edmund Burke zu seinem Bundesgenossen in dem grossen parlamentarischen Feldzuge gegen Hastings machten. Vielmehr verfolgte Francis schon damals dasselbe Ziel, das er später nach seiner Rückkehr nach England verfolgt hat, Hastings von seinem Posten zu verdrängen und diesen für sich selbst zu erobern.

Francis' Herrschaft über den bengalischen Rath brachte Hastings auch wirklich binnen kurzer Zeit — schon zu Beginn des Jahres 1775 — dahin, seine Entlassung bei der Ostindischen Compagnie in London durch einen Bevollmächtigten einreichen zu lassen. Francis selbst berauschte sich damals eine Zeit lang an der Aussicht, nach Hastings' Abberufung der Herr des britisch-ostindischen Reichs zu werden. Aber als endlich (am 29. Juni 1777) die Nachricht in Kalkutta eintraf, dass Hastings' Entlassungsgesuch bewilligt worden, erklärte der Statthalter die Entlassung für ungültig, weil sein Agent durch die Einreichung des Entlassungsgesuchs die ihm ertheilte Vollmacht überschritten habe. Francis und General Clavering wollten sich dieser Erklärung zwar nicht fügen und erkannten Hastings nicht mehr als Statthalter an; aber Francis' Herrschaft über den bengalischen Rath war damals schon seit längerer Zeit gebrochen: der mit Francis und Clavering nach Indien geschickte Monson war bereits am 25. September 1776 gestorben, sein Ersatzmann noch nicht eingetroffen. So standen Francis und Clavering dem Statthalter und demjenigen Mitgliede des Raths, das stets mit Hastings gestimmt hatte, einem Mr. Barwell gegenüber. Diese Stimmengleichheit bedeutete aber in Wahrheit die Majorität der Partei Hastings', weil dem Statthalter bei Stimmengleichheit das entscheidende Votum zustand. So konnte Hastings zunächst Francis und Clavering zwingen, die Entscheidung der Frage, ob seine Entlassung ungültig sei, dem Spruche des höchsten Gerichts zu überlassen. Francis wusste, dass dasselbe Hastings auch fernerhin als Statthalter anerkennen werde, und so geschah es auch; Hastings wurde zum Herrn des bengalischen Raths und erlangte von der Ostindischen Compagnie die fernere Belassung in seinem Amte. Der Tod Clavering's (30. August 1777) vervollständigte die neu gewonnene Herrschaft des Statthalters.

Der endlich im December 1777 eingetroffene Nachfolger Monson's, Wheler, konnte Francis nicht wieder zu seiner frühern Stellung verhelfen, obgleich beide meistens zusammengingen. Auch Sir Eyre Coote, Clavering's am 22. März 1779 in Kalkutta eingetroffener Ersatzmann, machte Francis nicht wieder zum sichern Herrn der Situation. Der unbedeutende und habgierige Mann, der wie vor ihm

Clavering neben seinem Amte im bengalischen Rathe noch den Posten des Oberbefehlshabers der Armee verwaltete, hielt sich zu Hastings und hätte mit diesem und Barwell zusammen Francis und Wheler vollständig aus dem Sattel heben können, wenn er nicht meistens durch kriegerische Unternehmungen verhindert worden wäre, bei den Sitzungen des Raths gegenwärtig zu sein. Durch seine Abwesenheit entstand freilich die für Francis verhängnissvolle Stimmengleichheit; Hastings verlor also zunächst nichts. Als aber Barwell den Entschluss fasste, Indien zu verlassen, sah Hastings sich Francis und Wheler gegenüber allein und lief von neuem Gefahr, dem unerbittlichen Gegner in jeder Abstimmung zu unterliegen. Hastings trat deshalb in Unterhandlungen mit Francis und erreichte den Abschluss eines Waffenstillstandes, demzufolge Hastings den von Francis gestellten Forderungen nachgab, sich aber dafür die Unterstützung des letztern in der Führung des Kriegs gegen die Maharatten ausbedang. Während jedoch Hastings hierunter die Billigung aller und jeder gegen die Maharatten unternommenen kriegerischen Expedition verstehen wollte, behauptete Francis, seine Einwilligung nur für die Fortführung einer bestimmten, zur Zeit gerade im Gange befindlichen Operation an der malabarischen Küste zugesagt zu haben. Demzufolge widersprach Francis, wie er behauptete und wie wir auch annehmen müssen, in gutem Glauben der von Hastings vorgeschlagenen Fortführung des Kriegs gegen die Maharatten in einem andern Theile Indiens. Hastings sah dies für einen Bruch ihrer gegenseitigen Verabredung an und erklärte, dass er Francis' Versicherung seiner Ehrlichkeit nicht glaube: „Ich beurtheile seine öffentliche Aufführung nach seinem Privatleben, von welchem ich weiss, dass es ohne Treue und Ehre ist." Francis' Antwort war eine Forderung. Das Duell fand wenige Tage darauf (am 17. August 1780) statt: auf einsamer Heide, neugierig von ein paar Hindus betrachtet, trafen die Feinde aufeinander. Francis fehlte; Hastings schoss Francis durch die Brust. Trotz seiner schweren Verwundung wurde Francis nicht weicher gestimmt: alle Versöhnungsversuche des Statthalters wies er kalt ab und erklärte, sie würden sich nur im Regierungscollegium wiedersehen. Aber Francis' Stellung war wie seine Gesundheit gebrochen: Ende des Jahres 1780 verliess er Indien und kam nach langer beschwerlicher Seereise am 19. October 1781 verbittert und voll leidenschaftlichen Hasses gegen seinen doch endlich siegreich gebliebenen Gegner wieder in England an, das er vor beinahe sieben Jahren voll Hoffnung und reich an Entwürfen verlassen hatte.

Hier empfing ihn die allgemeinste Misgunst. Die Ostindische Compagnie betrachtete ihn als einen ihrer gefährlichsten Gegner. Sein Ruf war durch die unwahren oder übertriebenen Nachrichten, welche Hastings' Agenten ausgesprengt oder private Mittheilungen aus Indien verbreitet hatten, vollständig zu Grunde gerichtet. Sein Hochmuth, seine Liebeshändel, seine Unversöhnlichkeit waren in England wohl bekannt. Nur der König und Lord North sprachen ihn an, als er bei Hofe sich vorstellte.

Doch blieb er nicht lange allein. Er wurde 1784 ins Parlament gewählt und hat dort sofort den schon von Burke begonnenen Kampf gegen Hastings mit derselben Leidenschaftlichkeit wieder aufgenommen, mit der er in Indien gegen ihn gestritten. Nichts weniger als eine Anklage gegen Hastings betrieb er und fand in Burke einen eifrigen Bundesgenossen. Durch die Wildheit seines Hasses, die ruhelose Ungeduld, mit der er die Verfolgung seines Feindes betreibt, schimmert deutlich das Naturell des Junius hindurch. Francis hat, wie bekannt, sein Ziel erreicht: Hastings wurde vor dem Oberhause belangt. Aber mehr als seine Entlassung ist nicht erreicht worden. Nach langjährigen Verhandlungen wurde Hastings freigesprochen; er zog sich auf einen Landsitz zurück und hat in spätern Jahren noch manche Auszeichnung empfangen. Francis aber wurde nicht an Hastings' Stelle zum Generalstatthalter ernannt, so sehr er sich auch auf diesen Posten Hoffnungen machte.

Vergessen wurde er deshalb nicht: der heftige und rachsüchtige Mann, der gleich unerschrocken im Wortgefecht wie im Duell war, der kühn und rücksichtslos auch vor die Mächtigsten seines Landes trat, und, wo er auch erschien, durch seine originellen Einfälle, seinen schlagenden Witz und seine Kenntnisse auffiel, interessirte die englische Gesellschaft. Man liebte den seltsamen Menschen nicht, von dem die Leute meinten, er habe etwas Unheimliches an sich und scheine eitel zu sein auf ein Geheimniss, das niemand kenne, aber man beachtete ihn. Auch hatte er sich während seines Aufenthalts in Indien so genaue Kenntnisse der dortigen Zustände erworben, dass er im Parlament in allen indischen Angelegenheiten als Autorität angesehen wurde. Aber was er als Junius gehofft, einst die Lehren des Junius verwirklichen zu können, erreichte er nicht. Er wurde mit dem Bath-Orden und der Ritterwürde abgefunden. Er war ins Parlament, ins ganze öffentliche Leben Englands eingetreten als Gegner Warren Hastings'. Seine Bedeutung ruhte zum grössten Theile auf dieser Feindschaft, deren Heftigkeit gemisbilligt wurde, und deren persönliche Motive man zu deutlich erkannte, um nicht an dem Charakter des Mannes zu zweifeln. Doch galt er als ein ehrenwerther Beamter. Er war nicht wie Clive und Hastings und die meisten höhern Beamten aus Indien mit ungeheuern Reichthümern heimgekehrt; das mässige Vermögen, das er in der Zeit seines indischen Dienstes erworben, liess sich vollständig aus den Ersparnissen des allezeit als sparsam bekannten Mannes und aus seinen ausserordentlich hohen Spielgewinnen erklären. Unter all den zahlreichen Anklagen, mit denen ihn Hastings' Agenten und Freunde überschütteten, findet sich eine Anklage nie, die wegen Bestechlichkeit, Habgier, Erpressung, unlautern Gewinns. Er war mit reinen Händen aus Indien heimgekehrt und Burke durfte von ihm sagen: Nichts als den innern Sonnenschein des Herzens habe er zurückgebracht. Auch genoss sein Haus jederzeit allgemeine Achtung: wir wissen, dass er einen ausgebreiteten Verkehr mit den Spitzen der Gesellschaft hatte. Seine Töchter zählten zu den feinsten Damen Londons. Allein, wenn man auch an den Fehlern Sir Philipp's sich nicht stiess, weil man sie als weit entfernt vom Laster erkannte, so reichten doch diese Fehler aus, um ihm die Verwendbarkeit im öffentlichen Leben zu nehmen. Ueberdies entwickelte er sich mehr und mehr zum Sonderling, und, wie aus vielen drastischen Beispielen hervorgeht, war seine charakteristische Eigenthümlichkeit eine häufig in den barockesten Formen zu Tage tretende rücksichtslose Ungeduld.

Francis erkannte selbst, dass er nicht die Laufbahn gemacht, zu der er fähig gewesen, und sprach es klagend aus, dass er ein Opfer Indiens sei. Richtiger wäre es wol gewesen, wenn er sich als Opfer seiner pseudonymen Schriftstellerthätigkeit bezeichnet hätte. Wie ganz anders würde er dagestanden haben, hätte er sich zu seinem berühmten Schriftstellernamen wirklich bekannt! Zwar der rachsüchtige, grausame, in der Feindschaft unerbittliche Charakter wäre ihm geblieben, aber man würde sich erinnert haben, was Junius eben mit Hülfe dieses Charakters geleistet; man würde daran gedacht haben, dass Junius nicht blos gehasst und verleumdet, dass er eine warme, begeisterte Liebe zu der Verfassung seines Landes in unübertroffener Sprache gepredigt habe. Das harte und stolze Auftreten, das Francis den Ruf einer masslosen Eitelkeit eintrug, hätte eine Grundlage erhalten, die jeder anerkannt haben würde. Hätte England, hätte Hastings gewusst, nicht der unbekannte Mr. Francis, sondern Junius sei Mitglied der Regierung Bengalens geworden, wie ganz anders wäre Francis' Stellung damals und später gewesen!

Da drängt sich denn von selbst die Frage auf, weshalb Francis nicht endlich den Schleier gelüftet. Die von ihm Angegriffenen waren beim Beginn dieses Jahrhunderts zum grössten Theile gestorben; Georg III. war in Irrsinn verfallen; der Prinz-Regent war Francis' Freund geworden; die wenigen überlebenden Opfer des Junius aber waren stark oder frivol genug, an den schweren Angriffen des Junius sehr leicht zu tragen. Francis hätte sich sonach viele Jahre vor seinem im Jahre 1818 erfolgten Tode zu den Briefen bekennen können, ohne sich der Gefahr einer Verfolgung auszusetzen, wenn dies überhaupt noch eine Gefahr genannt werden konnte. Ueberdies war er seit der indischen Zeit nicht wieder in den öffentlichen Dienst getreten; er war also auch durch die Rücksicht auf ein dienstliches Verhältniss nicht mehr gebunden.

Und trotz allem schwieg er beharrlich. Wohl scheint ihm das Geheimniss oft schwer auf der Seele gelegen zu haben: in stillen Stunden am Kamin sprengte es oft in lauten Selbstgesprächen alle die Riegel, hinter denen er es verschlossen. Als einst nach Wilkes' Tode der Name des ehemaligen Agitators im Unterhause höhnisch genannt wurde, übermannte Francis der Zorn über die Beleidigung des alten Streitgenossen, und der sonst ruhige und im Laufe seiner parlamentarischen Thätigkeit schweigsam gewordene Mann vertheidigte Wilkes' Andenken mit wilder Heftigkeit. Auch Burke, der seit dem Processe gegen Hastings mit Francis in enger Freundschaft lebte und lange Zeit vor Taylor's Entdeckung an Francis' Identität mit Junius glaubte, hat oftmals behauptet, der Druck des Geheimnisses verlasse ihn nie, er wolle sich nicht verrathen, und sein ganzes Wesen, seine Sprechweise habe dadurch etwas Gezwungenes bekommen, seine Beredtsamkeit ihren Fluss verloren.

Gerade dadurch, dass die Briefe des Junius nicht etwa als ein unreifes Jugendwerk von ihrem Verfasser vergessen worden waren oder ignorirt wurden, sondern ihm auch in seinen letzten Jahren als die beste Leistung seines langen an Ereignissen so reichen und an Erfolgen so armen Lebens erschienen, wird das Schweigen Sir Philipp's doppelt wunderbar. Auch dieses Schweigen glaubte man deshalb durch die Berufung auf seinen angeblichen Verrath erklären zu müssen; man meinte, er habe sein Geheimniss verkauft und müsse schweigen. Aber diesem Verkaufe stehen alle angeführten Gründe entgegen, und niemand wird es beifallen zu glauben, Francis habe erst nach seiner Rückkehr aus Indien seinen Schriftstellernamen verhandelt.. Vielmehr halten wir die Annahme für unanfechtbar: hat Francis nicht vor seiner Versetzung nach Indien sein Geheimniss selbst entdeckt, dann ist es überhaupt nie entdeckt worden. Weshalb also schwieg Francis, wenn ihm kein ehrloses Geschäft den Mund verschloss? Der Umstand, nach Indien gegangen zu sein, von Lord North und dem Könige ein Amt angenommen zu haben, kann nicht als Grund des Schweigens betrachtet werden. Einmal stand das indische Amt vollständig ausser allen Beziehungen zu den damals in England schwebenden politischen Fragen; dann auch hat Francis die Grundsätze des Junius in Indien nicht verrathen, sondern — wenn auch nicht immer aus den reinsten Motiven — mit Energie vertreten. Endlich war Francis während seiner parlamentarischen Thätigkeit nicht von dem Boden gewichen, auf dem Junius stand. Dass Francis liberaler geworden als Junius war, konnte ihm nicht schaden, und das offene Zugeständniss, er habe die Schädlichkeit der *rotten boroughs* eingesehen und ändere seine frühere Meinung, welche eine Beseitigung derselben durch die Gesetzgebung verwarf, würde das Publikum mit Freude begrüsst haben. Francis hatte also keinen Grund zu fürchten, man werde ihm Widersprüche und noch dazu compromittirende Widersprüche mit Junius nachweisen können. Was endlich kann dann sein Schweigen erklären?

Unseres Erachtens nach ist es das Wahrscheinlichste, dass der alte Francis sich zwar nicht seines Jugendwerkes, wohl aber der übertriebenen oder unbegründeten Angriffe, die er in den Briefen des Junius auf einzelne Personen gemacht, geschämt habe, und diese Vermuthung wird dadurch unterstützt, dass Francis noch viele Jahre nach dem Tode des einst von Junius so schwer beleidigten Sir William Draper und des ebenso hart angegriffenen Obersten Burgoyne im Parlamente erklärte, als es sich um eine Frage der nationalen Ehre handelte, er bedauere, dass Sir William Draper und Oberst Burgoyne nicht mehr am Leben seien; ihr feines Ehrgefühl werde die Frage am besten entschieden haben. Dazu kam, dass Francis mit mehrern der aufs härteste von ihm angegriffenen Personen, so z. B. mit Lord Barrington, in ein intimes freundschaftliches Verhältniss getreten war; in welchem Lichte hätte er erscheinen müssen, wenn die Welt erfahren hätte, Francis habe in guter Freundschaft mit denen gelebt, deren erbittertster Feind er früher als Junius gewesen!

Mit dieser Erkenntniss der Uebertriebenheit und Falschheit vieler seiner Anklagen verträgt sich der Stolz auf die von der Nation fortwährend hochgehaltenen Briefe, auf die Anerkennung des Junius als eines englischen Classikers sehr wohl. Und daher wird es uns verständlich, dass Francis den Verdacht, er sei Junius, mit scheinbarer Indignation zurückwies, aber doch zugleich um seinen Nachruhm besorgt, seiner Frau gegenüber meinte: es sei ihm unbegreiflich, dass man seine Erklärung für eine Ableugnung gehalten. Und eine solche ist sie denn auch streng wörtlich genommen nicht, und eine solche hat er auch wirklich, so oft er nach dem Erscheinen des Taylor'schen Buchs um seine Autorschaft gefragt worden ist, niemals gegeben. Er scheute sich, sein Geheimniss zu verrathen, weil er dann die Briefe hätte vertreten müssen; aber er wollte es gern errathen sehen und hat ja auch seiner Gemahlin das Mittel dazu in die Hand gegeben. Auch liebte Francis das Geheimnissvolle und hat schon als Junius erklärt, er wisse, wie viel sein Geheimniss seinem Ansehen nütze. So mag auch das mitgewirkt haben, wenn Francis fortdauernd schwieg. Endlich hatte sich Francis an seine Maske gewöhnt, und was Lord Byron Junius antworten lässt, als er bei dem Todtengerichte über Georg III. nach seinem Namen gefragt wird:

> If I have kept my secret half an age
> I scarce shall tell it now[1],

mochte auch Francis denken, wenn neugierige und aufdringliche Frager ihn zwingen wollten, die altgewohnte Verkleidung abzuwerfen.

---

[1] BYRON, Vision of judgment, Str. 82.

Er ist eben durchaus ein seltsamer Mensch gewesen, der die grössten Widersprüche in sich vereinigte: eine schneidende Ironie und ein erschütterndes Pathos, eine masslose Leidenschaftlichkeit und eine ruhige Vorsicht, die Fähigkeit furchtbar zu hassen und zart und innig zu lieben. Jederzeit ist er treu und männlich für seine Freunde eingetreten und überall hat er treue Freunde gehabt. Von seiner ersten und seiner zweiten Gemahlin ist er aufs zärtlichste geliebt worden, und seinen Töchtern wendete er von der Zeit seiner Rückkehr aus Indien an eine innige, warme Neigung zu. An der Seite der einen, die schon vor ihm gestorben, ist er beerdigt worden.

Als dem alten Sir Philipp einst ein Citat aus Junius aufstiess, brach er, sich selbst vergessend, in die Worte aus:

> However by folly or by faction crossed
> He finds the generous labour was not lost,
> Enjoys the honours destined to his name
> And lives instanter in his future fame.

In diesen Worten mag der Greis Trost gefunden haben, wenn er sich an die kühnen Leistungen seiner frühen Mannesjahre erinnerte und dabei seines verunglückten Lebens gedachte. Anders als Junius gehofft, war es freilich gekommen; aber mit Stolz durfte Francis ein halbes Jahrhundert nach dem Auftreten des Junius sich gestehen, dass der „grosse Unbekannte“ noch immer im Gedächtnisse der Nation lebe, dass man sich gern auf seine markigen Aussprüche berief, und dass manche seiner Ansichten Gemeingut des Volks geworden. Allein die Hoffnung, auch die Nachwelt werde dem Gedächtnisse des Junius noch Kränze winden, war ein, wenngleich verzeihlicher, Selbstbetrug. Der unvergängliche Lorber, der dem Helden gebührt, kommt Francis nicht zu. Wie ein körperloses, unverwundbares Gespenst ist er auf dem Kampfplatze erschienen, und als er mit offenem Visir focht, verhüllten Ehrgeiz und Hochmuth seine Tugenden. Vergessen wird aber das englische Volk die unheimliche Gestalt des Junius nicht und nicht die Leidenschaft, mit der er für die höchsten Güter seines Vaterlandes, für die Freiheit und die Verfassung kämpfte. Er hatte ein gutes Recht auf die bescheiden stolze Devise, die er seinen Briefen voransetzte: *Stat nominis umbra*, der Schatten meines Namens bleibt.

Druck von F. A. Brockhaus in Leipzig.